Love it

Hate it

Golfen findet zwischen den Ohren statt

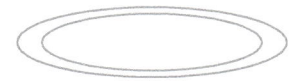

Love it

Hate it

Golfen findet zwischen den Ohren statt

© *2022, Ralph Schaper*

Herstellung und Verlag:

BoD - Books on Demand, Norderstedt

ISBN 9783755 797012

Preshot

Liebe Leserinnen und Leser, liebe Golferinnen und Golfer, lassen Sie mich, bevor wir gemeinsam auf den Platz gehen, noch ein paar allgemeine Dinge erwähnen.

Die folgenden Zeilen sind aus der Sicht eines Golfers geschrieben. Sie schildern die unterschiedlichsten Situationen und Erlebnisse auf dem Golfplatz. Als Beispiel dient unser wunderschöner 18 Loch-Platz, nämlich die Hummelbachaue in Neuss Norf.

Und nein, der Club hat dieses Buch und den Autor nicht gesponsort oder zu diesem Buch aufgefordert. Es wurde aus freien Stücken geschrieben. Genauso wie uns keiner zwingt, auf den Golfplatz zu gehen, hat mich auch niemand gezwungen, dieses Buch zu schreiben.

Und es zwingt Sie auch niemand dieses Buch zu lesen. Sollten Sie es dennoch tun und sich oder andere vielleicht darin wiedererkennen, dann ist das natürlich so gewollt. Wenn Sie Freude beim Lesen haben und womöglich sogar noch einen persönlichen Nutzen daraus ziehen können, dann freut mich das umso mehr.

Alle Geschichten beruhen auf wahren Begebenheiten. Sollten Sie also das Gefühl haben, den kenne ich doch, vom dem der gerade schreibt, dann ist das natürlich Absicht. Aber es werden keine Namen genannt. Auch wenn es mir das ein oder andere Mal unter den Nägeln brannte, die entsprechenden Personen namentlich zu erwähnen. Nein, das wurde nicht gemacht.

Natürlich ist das Buch auch für alle anderen Golfer, die nicht hier im Club Mitglied sind, geeignet. Denn die Erlebnisse, die wir gleich bildlich vor Augen haben werden, findet man wahrscheinlich auf jedem Golfplatz der Welt.

Ich wünsche Ihnen viel Spaß auf den nächsten Bahnen und viel Freude beim Lesen. Dementsprechend: Game on! Lassen Sie uns losgehen!

Bahn 1

Bevor wir den ersten Ball schlagen, lassen Sie uns einige wichtige Fragen zum Thema Golfen betrachten:

Weshalb macht Golfen so süchtig?

Wieso tun wir uns das eigentlich immer wieder aufs Neue an?

Warum lässt uns diese Sportart nicht mehr los?

Was treibt uns an, diesen kleinen weißen Ball durch die Gegend zu befördern?

Wo sind die Grenzen zwischen Freud und Leid?

Was motiviert uns jeden Tag aufs Neue?

Wie geht es uns auf dem Platz?

Mit welchem Gefühl verlassen wir die 18. Bahn?

Viele Fragen und viele mögliche Antworten. Wir werden auf den folgenden Bahnen versuchen, einige gezielte Antworten darauf zu finden.

Hätte ich vor 20 Jahren gedacht, dass mich dieser Sport nicht nur auf dem Platz beschäftigt, sondern auch neben dem Platz immer wieder inspiriert, meine Gedanken niederzuschreiben? Nein, auf gar keinen Fall.

Zu der Zeit war es für mich undenkbar, regelmäßig den Golfschläger zu schwingen. Da waren andere Dinge wesentlich wichtiger. Mal ganz zu schweigen davon, dass für mich damals Golfen „Altherrensport" war. Für mich waren diese ganzen Klischees viel greifbarer, als das Positive was der Golfsport mit sich bringt. Und so geht es wahrscheinlich vielen anderen Menschen auch, die keinen Bezug zum Thema Golf haben.

Zu dieser Zeit hatte ich ganz bestimmte Bilder vor Augen. Ältere Herren, die in bunt karierten Hosen über den Platz laufen. Affektiert wirkende Damen, die ihre neueste Golfmode zur Schau tragen. Elitär auftretende Menschen, die zu den oberen Zehntausend gehören. Und vieles mehr. Wie gesagt, Klischees. Nur, wie das nun einmal so ist mit diesen Klischees, es ist auch immer so ein kleines Fünkchen Wahrheit dran. Oder zumindest war es mal so.

Wie ich dann allerdings nach und nach am eigenen Leib erfahren durfte, war und ist zur heutigen Zeit an diesen Klischees größtenteils nichts mehr dran.

Sicher gibt es den ein oder anderen Golfclub, wo man auch heute noch auf einen Teil dieser Vorurteile trifft. Aber größtenteils hat sich der Charakter des Golfsports in den letzten 10-15 Jahren enorm verändert. Der Zugang zu den Clubs wurde in vielerlei Hinsicht erleichtert. Gab es früher noch lange Wartelisten oder nur mit einem Leumund die Möglichkeit, dem Club beizutreten, ist dies heutzutage in fast allen Clubs, zumindest hier in Deutschland, doch wesentlich entspannter. Gleiches gilt auch für die Atmosphäre, das Umfeld und die Mitglieder.

Musste man früher noch mehrere tausend Euro für eine Golfausstattung ausgeben, ist man heute schon mit einigen hundert Euro für ein Einsteigerset dabei. Ähnliches gilt auch für die Mitgliedsbeiträge. Mittlerweile gibt es immer mehr Angebote oder bestimmte Regelungen, die man nutzen kann, um nicht gleich arm zu werden, wenn man sich einem Club als Mitglied anschließen möchte.

Genau wie sich diese Gegebenheiten geändert haben, hat sich mit den Jahren auch meine Einstellung zum Golfen geändert. Denn genauso wie man seine Sichtweise auf viele Dinge des Lebens im Laufe der Zeit verändert, habe ich auch meine Gedanken zum Thema Golfen geändert. Und damit sind wir auch schon bei einem der Kernpunkte dieser hervorragenden Sportart:

-Die richtige innere Einstellung!-

Nicht umsonst hat mir mein erster Golftrainer bereits in der ersten Trainerstunde gesagt: *„**Golfen findet zu 80% zwischen den Ohren statt!**"*

Mal ganz ehrlich. Ich wusste damals überhaupt nicht was er damit gemeint hat.

Es hat einige Zeit gedauert, bis ich diesen Satz einzuordnen wusste. Und auch heute, nach dieser langen Zeit, passiert es mir immer wieder, dass ich die falsche Einstellung habe und mich wundere, dass ich nicht erfolgreich Golf spiele. Aber dazu im Detail später mehr.

Kommen wir erst mal zu der wichtigen Frage:

Weshalb macht Golfen süchtig?

Wenn man darüber mit anderen Golfern spricht, gibt es viele Gründe, die genannt werden. Als da wären: Die Bewegung an der frischen Luft. Das Treffen mit Freunden. Das Abschalten vom Alltag. Die zwingend notwendige Konzentration. Das Erreichen von Zielen. Oder einfach nur das Bierchen am 19. Loch.

Jeder hat da so seine eigenen Präferenzen. Doch ist damit diese erste Frage schon ausreichend beantwortet? Macht Golfen deshalb süchtig? Kann sein. Allerdings sollten wir die Frage aus verschiedenen Blickwinkeln betrachten.

Die älteren Herrschaften, die ihren Ruhestand oder ihr Dasein als Privatier genießen, haben vielleicht für sich eine Art Routine entwickelt. Anders gesprochen, ein Ritual. Da steht dreimal die Woche eine Runde Golf auf dem Programm. Andere Hobbies aus früheren Zeiten, wie zum Beispiel, Tennis oder Rudern, lassen sich im fortgeschrittenen Alter womöglich nicht mehr so effektiv ausüben, wie das beim Golfen der Fall ist. Und bevor man gar nichts macht, nur zu Hause rumsitzt und vor sich hinvegetiert, dann geht man doch lieber Golfen. Und das ist auch gut so.

Ich habe vor kurzem mal wieder 18 Loch mit einem 85jährigen gespielt. Und ja, man kann es noch Golfspielen nennen. Na klar, die Längen sind nicht mehr so wie bei einem Spieler jüngeren oder mittleren Alters. Aber was solls. Da ist auch nicht mehr vorrangig das Ziel das Par zu spielen oder im schlechtesten Fall das Bogey zu erreichen. Da geht es darum den Ball sauber nach vorn zu befördern, sich an der frischen Luft zu bewegen und Zeit mit anderen Gleichgesinnten zu verbringen.

Und ja, insofern macht Golfen süchtig. Denn genau wie bei den älteren Herrschaften geht es doch auch bei uns um eben diese Dinge. Mancher von uns hat auf jeder Runde ganz bestimmte Ziele. Andere wiederum wollen einfach nur den ein oder anderen schönen Golfschlag hinbekommen. Das Ganze ist natürlich wieder abhängig von der Form des Spiels.

Ist es eine entspannte private Runde, bei der es um nichts geht? Ist es ein vorgabenwirksames Turnier oder womöglich eine private Runde, auf der um Geld oder ein Getränk gezockt wird?

Um welche Einsätze und in welcher Konstellation auch immer. Eins gegen Eins, Zwei gegen Zwei, nach Stableford, Lochwettspiel, Matchplay oder was es sonst noch so alles gibt. Egal in welcher Spielform wir uns gerade befinden, eines ist doch ganz klar:

Golfen ist zu 80% Kopfsache!

Das fängt doch für viele Spieler schon am 1. Abschlag an. Da ist man vielleicht noch nicht richtig aufgewärmt, hat auf der Range möglicherweise die Bälle nicht wirklich gut getroffen oder man fühlt sich einfach unwohl oder beobachtet. Und was passiert? Schon schlägt man den ersten Socket, feuert den Ball ins Aus oder haut den Ball gerade mal 20 Meter weit. Die erste „Lady" ist gespielt, die ersten Drinks sind verplant und für viele ist damit die Runde schon gelaufen. Also für diejenigen, die die „Lady" gespielt haben. Ist dieser Begriff eigentlich diskri-minierend? Darf man das heutzutage noch sagen?

Es ist auf jeden Fall passiert. Der erste Schlag hatte nicht wirklich etwas mit Golf zu tun. Und na klar kann man sich davon jetzt runterziehen lassen. Aber ganz realistisch betrachtet war das der erste Schlag von weiteren 90 bis 100 Schlägen, die noch folgen werden. Und ja, es können auch nur gut 80 oder sogar mehr als 100 Schläge werden. Wie auch immer, es ist und bleibt der erste Schlag. Nicht umsonst sagt ja auch der Profi, man soll immer von Schlag zu Schlag denken.

Nun sind wir zwar keine Profis, aber zumindest das sollten wir ja hinbekommen. In der Theorie klingt das auch ganz einfach und simpel. In der Praxis ist das wieder eine ganz andere Sache. Wie oft haben wir schon über schlechte Schläge geflucht? Innerlich, wenn wir die Etikette wahren wollten oder auch mal nach außen tragend, wenn der Frust einfach raus musste.

Genau da liegt die Kunst an der Sache. Es ist sicher nicht die feine englische Art, zu fluchen, zu schimpfen, sich selbst zu bejammern, aber hey, wir sind auch nur Menschen. Wir sind keine Maschinen. Ich bewundere auf der einen Seite die Spieler, die das können. Die nichts an sich ranlassen. Da kommt ein schlechter Schlag und der Spieler bleibt ganz ruhig und gelassen. Da kommt der nächste Hacker und keine äußerliche Regung ist zu sehen. Wie es drinnen in der Person aussieht, kann ja keiner sagen.

Vielleicht müssen wir an dieser Stelle auch auf unsere Tagesform hinweisen. Warum? Es gibt Tage, da stört uns der schlechte Schlag weniger, so dass wir damit relativ gelassen umgehen. Und es gibt Tage, da stört er uns mehr. Da lassen wir dann auch unser Umfeld mal dran teilhaben.

Nur bei den Spielern, die nie aus der Haut fahren, die niemals ein schlechtes Wort über ihr eigenes Spiel verlieren, da frage ich mich immer, ob das so gesund ist, alles in sich hineinzufressen?

Möglicherweise denke ich aber auch ganz falsch. Vielleicht ist es einfach ein Mentalitätsfrage. Wir sagen ja immer, jeder Mensch ist anders. Also ist ja auch jeder Spielertyp anders. Und das ist auch gut so. Der eine reagiert so und der andere eben anders. Wenn der Frust, beziehungsweise die Äußerung diesbezüglich sich im Rahmen halten, dann ist das wohl okay. Auch das hängt natürlich wieder von den jeweiligen Mitspielern ab.

Aber jetzt erst mal zurück zum ersten Abschlag und zu unserem verzogenen ersten Schlag, wenn man das denn so nennen kann. Jetzt stehen wir dort, haben zum Beispiel die besagte „Lady" gespielt und müssen uns nun innerhalb der nächsten 20 Meter wieder sammeln, um uns auf den folgenden Schlag zu konzentrieren. Aber was machen viele in der Situation?

„Ach, die Bahn hat sich schon erledigt! Die kann ich wohl streichen! Das kann ja nichts mehr werden!

Wieso? Es war immer noch der erste Schlag. Für uns Normalos mit einem Handicap von, sagen wir mal, um die 15 ist doch noch alles drin. Also punktetechnisch. Na klar, wenn der Spieler das Ziel hat mit einem Birdie von der Eins zu gehen, dann wird es sicher schwierig. Aber auch hier stellt sich die Frage: Wieso nicht von Schlag zu Schlag denken? Sich realistische Ziele setzen, beziehungs- weise diese auch gegebenenfalls anpassen.

Auch wenn man jetzt mit dem zweiten Schlag das Grün nicht erreichen kann, besteht doch immer noch die Möglichkeit, mit einem „Sonntagsschlag", den dritten Schlag einzuchippen oder ihn zumindest so nah an die Fahne zu legen, dass das Par immer noch machbar ist.

Oder wie sehen Sie das? Wie oft das schon so passiert ist? Ja, Sie haben recht, das klappt nicht jedes Mal. Aber auch hier ganz realistisch betrachtet. Wenn wir nach diesem ersten verunglückten Abschlag mit einem Bogey oder auch einem Doppelbogey vom Grün gehen, dann ist das alles im „Grünen Bereich", also im wahrsten Sinne des Wortes.

Kann es sein, dass wir Amateurgolfer uns oftmals viel zu sehr unter Druck setzen? Unser Trainer hat sich dazu so geäußert:

„Wir dürfen einfach nicht erwarten auf einer 18Loch Runde jeden Schlag perfekt zu machen. Das ist ja schon für Profis schwer. Und deshalb für Amateure nahezu unmöglich."

Wir können das Ziel haben, das zu schaffen. Und das sollten wir auch. Aber wir sollten auf der anderen Seite mit einer gewissen Objektivität an die ganze Sache herangehen. Denn sind wir doch mal ganz ehrlich. Wenn wir unsere letzten Runden betrachten, mit Sicherheit waren da viele gute Schläge dabei. Und es waren auch bestimmt einige weniger gute Schläge darunter.

Die Tragik besteht für viele Golfer leider darin, dass sie während und nach der Runde nur über die schlechten Schläge nachdenken und nicht über die guten.

„Verdammt, was habe ich nur da und da gemacht? Wenn ich das anders gespielt hätte, ja dann…"

„Hätte ich da und dort einen anderen Schläger genommen oder wäre ich auf der einen Bahn nicht so aggressiv herangegangen, ja dann…"

Sie wissen schon, des Golfers liebste Worte: *Hätte, würde, wäre, etc.*

Also, warum beschäftigen wir uns nicht ganz bewusst mit den positiven Erlebnissen und versuchen somit uns selbst zu motivieren, denn wir wissen ja:

Golfen findet zwischen den Ohren statt!

Bahn 2

Jetzt haben wir die erste Bahn vielleicht noch mit einem Bogey retten können, freuen uns hoffentlich darüber, dass der Start nach dem verunglückten Abschlag dann doch gar nicht so schlecht gelaufen ist – und da stehen wir jetzt, auf dem 2. Abschlag. Was geht in uns vor? *Nur nicht wieder den Ball so wie an der Eins abschlagen!*

Wir nehmen unseren Ball, teen ihn auf, schauen noch einmal nach vorn und schon kommen sie wieder, diese anderen Gedanken. *Links ist ein Wäldchen, rechts sind die großen Bäume und Sträucher, da wollen wir auf gar keinen Fall hin. Wie weit ist der Damenabschlag entfernt? Na, den werden wir doch dieses Mal wohl schaffen!?*

Und schon gelingt es unserem Unterbewusstsein, uns einen Streich zu spielen. Denn diese ganzen Impulse werden an unser Bewusstsein gesendet und schon fangen wir an zu überlegen. *Welchen Schläger nehmen wir? Wo spielen wir den Ball am besten hin? Machen wir einen vollen Schwung oder doch lieber nur einen halben?*

So viele Gedanken (das kleine Männchen auf unserer Schulter ruft schon TIME, es soll ja schließlich zügig weitergehen), aber halt, es sind ja gerade mal ein paar Sekunden vergangen. Und doch schwirrt uns diese Vielzahl von Gedanken durch den Kopf.

Es könnte doch alles so einfach sein. Hinstellen, schlagen und fertig. Aber da haben wir es wieder – *könnte* – ist auch hier wieder das Zauberwort. Wäre da doch nur nicht dieser verunglückte Abschlag an der Eins gewesen! – *Wäre* – Ja, aber es war nun einmal so.

Ändern können wir doch daran eh nichts mehr. Freuen wir uns doch über das Bogey. Aber nein, wir ärgern uns lieber immer noch über den Abschlag. Warum einfach, wenn es auch kompliziert geht. Also das mit den Gedanken.

Und dann auf einmal passiert es, wie schlagen unseren Ball vom Abschlag, und er fliegt, er fliegt geradeaus, ist lang und landet tatsächlich in der Mitte des Fairways. Na also, geht doch. Wir können es ja doch. Durchatmen, Tee aufsammeln und mit erhobenem Haupt zum Bag gehen.

Warum nur machen wir uns so viele Gedanken? Warum denken wir so häufig an die negativen Erlebnisse? Wahrscheinlich, weil diese Emotionen viel stärker sind als die positiven Emotionen. Klappt ein Schlag so einigermaßen gut, dann ist das normal. So muss es doch auch sein. Funktioniert ein Schlag mal überhaupt nicht, ja dann können wir es selbst nicht fassen. Das kann doch gar nicht sein. Diesen Schlag haben wir doch schon tausende Male erfolgreich gemacht. Warum denn jetzt nicht?

Aber dass diese Fehlschläge für uns Amateure ganz normal sind, dass die einfach zu unserem Spiel dazu gehören, das kriegen wir oftmals nicht in unseren Kopf rein.

Jetzt gehen wir also einigermaßen euphorisiert an den 2. Schlag heran. Wie gesagt, der Ball liegt gut. Mitte Fairway, alles prima. Wir gehen mit einer gewissen Routine an das Bag, schauen nochmal kurz, wo wir den nächsten Ball hinschlagen wollen, nehmen den entsprechenden Schläger, gehen zum Ball, holen voller Selbstbewusstsein aus – und hauen den Ball ins Wasserhindernis.

Paff, schön zuerst in den Boden gehackt, hoppelt der Ball über den Rest des Fairways, durch das Rough und springt genüsslich in das Wasser. Und nein, der Ball bleibt nicht gnädiger Weise vorher noch liegen. Natürlich nicht.

Und schon sind sie wieder da, diese negativen Gedanken. *Was ist denn da jetzt schief gelaufen? Wieso nimmst Du den Kopf so schnell hoch? Warum waren die Arme schneller als der Körper? Wieso hast Du die Hüfte nicht gedreht?*

Muss ich noch weiter machen? Ich denke, wir alle kennen diese Situationen. Und somit sind wir ganz schnell bei der 2. Frage:

Wieso tun wir uns das eigentlich immer wieder aufs Neue an?

Vielleicht weil wir ein bisschen masochistisch veranlagt sind? Oder weil wir uns immer wieder selbst beweisen wollen, dass wir es doch können?

Womöglich aber auch nur für diesen einen perfekten Schlag? Was auch immer davon zutrifft, jetzt heißt es erst mal, einen neuen Ball aus dem Bag nehmen und sich die richtige Stelle für den Drop suchen. Die große Kunst des Golfers besteht natürlich vorab darin, sich auf dem Weg zum Wasser frei von diesen ganzen negativen Gedanken zu machen. Diese ganzen Fragen in unserem Kopf beiseitezuschieben. Aber auch hier gilt wieder, leichter gesagt als getan. Von außen betrachtet ist das leicht zu sagen: *Stell Dir den nächsten Schlag vor. Sieh Dein Ziel. Sieh Deinen Schlag.*

Das ist immer leichter, als selbst in der Situation zu stecken und sich zu ärgern. Und wenn dann noch der teure ProV1 Ball weg ist, na dann kann man sich ja nur ärgern. Denn ganz klar, das ist es was die meisten Golfer in dieser Lage machen. Sie ärgern sich. Und wenn sie sich ärgern, wie groß sind die Chancen, den nächsten Schlag besser auszuführen? Richtig, eher gering! Was passiert also? Was sieht man nach solchen Schlägen häufig? Einen eher unrund wirkenden Schlag, der vielleicht kurz über der Grasnarbe seinen Weg Richtung Fairway findet. Wenn überhaupt.

Und da stehen wir nun. Den Schläger in der Hand, also hoffentlich ist er noch in der Hand. Es soll ja Golfer geben, die sind so unter Strom, dass schon mal der Schläger durch die Gegend fliegt, der Boden damit umgepflügt wird oder einfach mal voller Wut ins Bag gefeuert wird.

Wir reden hier natürlich immer nur von den anderen. Uns würde so etwas nie einfallen. Wir sind stets die Ruhe selbst. Wir bewahren immer die Contenance. Wir leben die Etikette. Auf jeden Fall. Was auch sonst?

Was passiert also jetzt nach diesem eher durchschnittlichen Golfschlag? Wir gehen etwas bedröppelt zu unserem Ball. Den Kopf gesenkt, grübelnd ob der verunglückten Schläge und innerlich auf der Suche nach der Lösung. *Warum, weshalb, wieso? Und überhaupt, eigentlich kann ich es doch. Warum denn jetzt nicht?* Und da haben wir es dann auch wieder. *Eigentlich*! Na klar, eigentlich bin ich ein guter Golfer. Theoretisch spiele ich den Platz in Par. Na logo, wieso auch nicht?

Wie hat unser Pro es mal so schön formuliert? *„Die Wahrnehmung einiger Golfer hinsichtlich Vorstellung und Realität liegt manchmal meilenweit auseinander."*

Das verhält sich ähnlich mit den Aussagen die man sehr häufig hört, dass auf der Range alle Bälle getroffen werden, aber sobald man auf den Platz geht, ist alles vorbei. Auf der Range fliegen die Bälle wie von selbst. Eisen, Hölzer, alles prima. Aber dass *„auf der Range"* nicht *„auf dem Platz"* ist, ist uns schon bewusst, oder?

Auf der Range findet kein Turnier statt. Auf der Range stehen links und rechts keine Bäume, sind keine Bunker, die das Grün verteidigen, ist kein Rough. Und ganz zu schweigen davon, dass wir auf der Range größtenteils von Matten spielen. Aber hey, solche Nebensächlichkeiten sind doch nicht wichtig. Auf der Range, da klappt fast alles. Der Platz ist schuld! Natürlich. Und wenn es nicht der Platz ist, dann sind es die Bälle, die Schläger, der Wind, die Sonne oder was auch immer sonst noch so als Grund herhalten kann. Aber auf keinen Fall sind wir es.

Wieso ist da auch auf einmal ein Wasserhindernis? Das gibt es doch auf der Range auch nicht. Wieso liegt mein Ball in einem alten Divot?

Das habe ich auf der Range aber noch nie erlebt? Und wieso kriege ich eigentlich für ein Tripplebogey keinen Punkt mehr? Und warum ist eigentlich die Banane krumm?

Viele Fragen, keine Antworten. Ach doch, *entscheidend ist auf dem Platz*. Eine alte Fußballweisheit von *Adi Preißler*. Hat der eigentlich damals auch schon Golf gespielt? Ich weiß es nicht, aber Recht hatte er. Beim Fußball und beim Golf. Entscheidend ist, was auf dem Abschlag, dem Fairway, in dem Rough, in den Bunkern und auf dem Grün passiert. Und genauso entscheidet es sich nun auch für uns. Schaffen wir es, den nächsten Schlag aufs Grün zu bekommen oder nicht?

Blicken wir nochmal kurz ein paar Minuten zurück. Abschlag war gut. Schlag Eins. Schlag Zwei ins Wasser. Einen Strafschlag. Schlag Vier gerade so über das Hindernis gekegelt. Also folgt jetzt Schlag Nummer Fünf. Und bis aufs Grün sind es locker noch 170 Meter. Aber jetzt haben wir auch nichts mehr zu verlieren. Also den entsprechenden Schläger aus dem Bag und ab dafür. Und ja, jetzt kann alles passieren. Wie gesagt, jeder von uns hat hunderte solcher Situationen bereits erlebt. Aber wir wollen an dieser Stelle mal unserem Können freien Lauf lassen. Und was passiert? Wir jagen den Ball tatsächlich, vielleicht auch mit etwas Glück, aufs Grün. Durchatmen ist angesagt. Geht doch. Was für ein Schlag! Und schon gehen wir wieder erhobenen Hauptes über das Fairway, schreiten Richtung Grün, zählen nochmal durch. Tatsache, wir liegen mit fünf Schlägen, trotz Wasser, auf dem Grün.

Aufgemuntert durch unsere Mitspieler, so ganz nach dem Motto:

Super Schlag, toller Schuss, Du kannst es doch, etc., sind wir wieder obenauf. Wir freuen uns. Noch ist alles drin. Zwei Putts für eine Sieben und wir nehmen noch einen Punkt mit auf diesem Par 5. Und was soll ich sagen, erstaunlicherweise klappt auch das. Zwar mit ein wenig Glück, aber der zweite Putt ist gefallen. Egal wie, die Sieben steht.

Auf der Scorekarte wird schließlich kein Video hinterlegt, auf dem zu sehen wäre, wie man diese Sieben erspielt hat. Das wäre ja noch schöner. Wir sind ja hier schließlich nicht bei den Profis.

Auf dem Weg vom Grün schütteln wir zwar noch den Kopf, weil uns die Schläge noch einmal durch eben diesen gehen, Aber egal, die ersten beiden Bahnen waren zum Warmspielen, jetzt geht es erst richtig los. Denn wir wissen ja:

Golfen findet zwischen den Ohren statt!

Bahn 3

Nun stehen wir dort am 3. Abschlag, mit unseren Gedanken noch immer nicht so ganz im reinen. Wild geht es zu in unserem Unterbewusstsein. Auf der einen Seite ist da der tolle letzte Schlag aufs Grün und die anschließenden zwei guten Putts. Auf der anderen Seite sind da diese verunglückten Schläge. Was also tun?

Auch hier zeigt die Erfahrung, dass man keine einheitliche Herangehensweise festlegen kann. Jeder Mensch tickt anders. Dem einen gelingt es, die negativen Gedanken von sich zu weisen und sich ganz auf die positiven Dinge zu konzentrieren. Und dem anderen gelingt das eher suboptimal, soll heißen, der Gang vom Bag bis zum Abschlag bietet genügend Zeit, sich mit den falschen Gedanken zu beschäftigen. Ich sage bewusst, falsche Gedanken, weil sie nicht dorthin gehören. Sie sind in dieser Situation einfach falsch.

Warum? Unser Unterbewusstsein reagiert wie ein Impulszähler, es addiert positive und negative Impulse, wobei der erste Impuls immer den gleichen Impuls nach sich zieht. Waren also die letzten Impulse negativ, wartet das Unterbewusstsein jetzt automatisch auf weitere negative Impulse. Und die werden kommen, das ist so sicher wie das Amen in der Kirche. Denn diese negativen Gedanken sagen uns jetzt nämlich: *Bloß nicht nach links in das Rough in die Nähe der Bäume hauen. Zu weit rechts ist auch nicht gut, da wartet eine Anpflanzung. Und dort möchte keiner liegen.*

Was passiert an dieser Stelle sehr häufig?

Entweder man schlägt genau dorthin, wo man eigentlich nicht hinschlagen will, oder man macht irgendeinen seltsamen Abschlag, der den Ball zwar ins Spiel bringt, aber mal wieder nichts mit einem vernünftigen Golfschlag zu tun hat. Na super. Und schon geht es weiter in der Abwärtsspirale.

Die große Kunst des Golfens besteht genau jetzt darin, sich irgendwie aus dieser Negativschleife wieder heraus-zuziehen. Aber wie? Jetzt müssen wir uns entweder ganz bewusst damit auseinandersetzen oder wir schalten alles aus und denken gar nicht mehr nach. Was hilft Ihnen am besten?

Bei mir ist das Situationsabhängig. Bin ich schon zu Beginn der Runde in diesen negativen Gedanken gefangen, so versuche ich mir bewusst die notwendigen Gedanken und Bewegungen wieder aufzurufen und somit wieder ins Spiel zu kommen.

Habe ich einen Tag erwischt, an dem auch das nicht funktioniert, ich schon auf den 2. Neun bin und weiß, das wird heute nichts mehr, dann schalte ich das Gehirn einfach aus und haue nur noch, ohne nachzudenken, auf den Ball. Und das Erschreckende daran, oftmals treffe ich dann den Ball wieder sauber, spiele gute Annäherungen und Putte, als hätte ich jahrelang nichts anderes gemacht. Verrückt. Kennen Sie das auch?

Das zeigt natürlich, dass oftmals zu viel Nachdenken, oder besser gesagt, sich mit zu vielen Dingen zu beschäftigen, auch nach hinten losgehen kann. Man kann so viel beim Golfen falsch machen. Man muss aber auf der anderen Seite so viel richtig machen, damit man erfolgreich ist. Und wenn man zu viel überlegt, ist das kontraproduktiv.

Zumindest geht es mir oft so. Deshalb versuche ich, mich in solchen Situationen auf die 2 - 3 wichtigsten Basics zu besinnen. Das hilft und bringt mich oft wieder zurück ins Spiel.

Apropos, zurück zur Bahn 3. Also, wie sieht es aus? Gelingt uns ein guter Abschlag? Na ja, er wird so mittelprächtig. Nicht ins Aus gehauen und auch nicht in das Rough oder zu den Bäumen. Aber von einem perfekten Abschlag weit entfernt. Was hört man dann von seinen Mitspielern sehr häufig?

Ist im Spiel! Macht nichts kaputt! Von da kannst Du gut weiterspielen! Man braucht ja eh drei Schläge, um aufs Grün zu kommen!

Kennen wir doch alle, oder? Und wie häufig sagen wir uns diese Sätze selbst? Aber genau darum geht es doch. Positives Denken. Auch wenn es womöglich abge-droschene Phrasen sind und man es nicht mehr hören kann, sie können und sollen helfen, nicht schon wieder zu verzweifeln, den Mut und die Lust zu verlieren. Und ja, ganz objektiv betrachtet sind das alles richtige, das heißt, zutreffende Aussagen. Ob sie uns gefallen und ob wir uns mit der Gesamtsituation wohlfühlen, das steht auf einem anderen Blatt.

Also heißt es auch jetzt: *Weiter, immer weiter. Nicht aufgeben!* Denn vom Aufgeben oder Resignieren ist noch keiner Weltmeister geworden. Mit anderen Worten geht es jetzt auf dem Weg zu dem 2. Schlag darum, sich wieder neue Ziele zu setzen. In diesem konkreten Fall, den 2. Schlag so zu positionieren, dass wir die Chance haben, den 3. Schlag wieder aufs Grün zu jagen.

Ich nehme bewusst mal dieses martialische Wort, denn aufgrund der Tatsache, dass uns durch den nicht optimalen Abschlag einiges an Länge verloren gegangen ist, haben wir noch eine lange Strecke zu überwinden.

Wir reißen uns zusammen, nehmen beherzt das 3er Holz aus dem Bag, schwingen gekonnt wie die Profis und treffen den Ball sauber im Sweetspot des Schlägerkopfes. Allein das Geräusch dieses sauber getroffenen Balles zaubert uns schon ein Lächeln ins Gesicht. Und dann noch diese Flugkurve, die Länge, alles perfekt gelaufen. Na also, wir sind wieder im Spiel. Wir liegen jetzt ungefähr bei 130 Metern zum Grün. Das sollte doch machbar sein.

Unsere Mitspieler sind begeistert und wir sind es auch. Auf einmal schweben wir förmlich über das kurz gemähte Fairway. Hat hier jemand einen nicht so perfekten Abschlag gespielt? Nein, nicht das wir wüssten. Da soll nochmal jemand behaupten, Golfen wäre kompliziert. So ein Quatsch! Golfen ist das einfachste auf der Welt, also wenn man den Ball trifft.

Wussten Sie eigentlich, dass Golfen die zweitschwerste Sportart auf der Welt ist? Also aus technischer Sicht betrachtet. Hinter Stabhochsprung ist Golfen tatsächlich die zweitschwerste Sportart! Aber wem erzähle ich das? Das wussten Sie bestimmt.

Und wenn wir uns dessen mal wieder bewusst werden, dann sollten wir uns doch selbst nicht mehr so kasteien, wenn uns mal der ein oder andere Schlag nicht gelingt. Wir sind schließlich Amateure und keine Profis. Wobei, wer regelmäßig die Turniere der European Tour oder der PGA Tour verfolgt, der sieht, dass auch die Profis keine Maschinen sind.

Da werden Fehler gemacht, die jedem Amateur die nötige Gelassenheit geben müssten, auch mit Fehlschlägen anders umzugehen. Aber wie bereits erwähnt, Theorie und Praxis. Zwei leider sehr weit voneinander entfernte Bereiche.

In unserer aktuellen Situation liegt unser Ball prima. Die anderen im Flight sind auch gut dabei. Alles scheint wieder im Lot zu sein. Voller Selbstvertrauen gehen wir den nächsten Schlag an. Ein kürzeres Eisen, voller Schwung und ab gehts. Zack, Schlag ausgeführt, den Ball einigermaßen clean getroffen und er fliegt. Wir schauen hoffend hinterher. *Komm schon, Mitte Grün wäre prima, flieg!*

Und der Ball fliegt auch. Er hat eine gute Höhe, die Länge scheint auch zu passen, aber er schafft es leider nicht ganz bis aufs Grün. Einen Meter mehr und alles wäre prima gewesen. Vielleicht haben wir den Wind ein wenig unterschätzt oder wir haben den Ball doch nicht ganz perfekt am Sweatspot erwischt.

Wir liegen also im Vorgrün. Aber hey, kein Problem, so wie wir eben geputtet haben, sollte das doch keine große Herausforderung darstellen. Es hätte auch der Bunker sein können. Also, Putter in die Hand und voller Selbstvertrauen ran an die Sache. Und so machen wir es dann auch. Wieder ein guter erster langer Putt, ein bisschen übers Loch geputtet, aber dem Ball zumindest eine Chance gegeben. Es bleibt noch ein kleiner „Wadenbeißer" übrig. Ball markiert, gucken was die anderen so auf dem Grün machen und dann rein damit ins Loch. So der Plan.

Ball ausrichten, noch einmal einen Blick zum Loch und ab geht's. Der Ball rollt wunderbar Richtung Loch. Aber was passiert? Im letzten Moment verliert der Ball an Geschwindigkeit und biegt ein paar Zentimeter vor der Lochkante ab. Auch wieder so ein Klassiker. Der erste Putt eine Ecke zu lang, bleibt der nächste Putt oft zu kurz. Das war wohl nichts. Es wird ein Dreiputt. Na klasse, so wird aus einem vermeintlich sicheren Par ein Bogey. Aber wissen Sie was? Nach dem Abschlag nehme ich auch gern die Sechs. Oder wie sehen Sie das? Zufrieden mit dem Bogey? Grundsätzlich nicht? Aber so wie hier der Ablauf war können wir damit doch leben, oder?

Diese Frage ist auch jetzt wieder ganz wichtig. Denn wie gehen wir vom Grün? Mit welcher Einstellung gehen wir zum nächsten Abschlag? Wir stellen doch jetzt schon wieder die Weichen für den nächsten Schlag. Und genau das ist eine der größten Herausforderungen des Golfspielens. Die Zeit die wir nach, beziehungsweise vor jedem Schlag haben. Wenn wir es schaffen, uns mental in die richtige Richtung zu bewegen, ist alles prima. Wenn, wie bereits erwähnt, die negativen Gedanken Oberhand haben, dann ist diese Zeit tödlich.

In welcher Sportart haben wir denn so viel Zeit zwischen zwei Handlungen? Es gibt auf jeden Fall nicht viele. Letztendlich besteht für uns alle die Aufgabe darin, diese Zeit gewinnbringend zu nutzen. Oft hilft es ja auch, sich den anderen Spielern zu widmen. Ein bisschen Smalltalk lenkt auf jeden Fall ab. Ein kleiner Witz, ein lockerer Spruch oder was auch immer uns helfen kann, uns abzulenken.

Und somit sind wir wieder bei unserem Eingangsmotto:

Golfen findet zwischen den Ohren statt!

Bahn 4

Endlich mal ein Par 3. Bis zur Fahne heute ca. 135 Meter. Also quasi ein kurzer Einwurf. Schnell nochmal den Wind begutachtet, ein beherzter Griff in das Bag, kurzes bis mittleres Eisen gegriffen und los geht's.

So viel zur Realität. Wobei die darauf folgende Realität oftmals eine ganz andere ist. Wie oft ist uns der Schlag aufs Grün schon gelungen? Zigmal. Wie oft ist er misslungen? Auch leider so einige Male. Aber warum? Es geht doch nur „ein paar" Meter gerade aus. Ja, das Grün wird von Bunkern verteidigt. Die komplette vordere Seite vor dem Grün besteht aus Sand. Und hinter dem Grün, da lauert ebenfalls eine kleine Bunkerlandschaft. Ach so, und parallel zur Bahn verläuft ein kleines Wäldchen. Aber was solls, da will doch keiner hinspielen.

Also Ball aufteen und… Apropos. Teen Sie den Ball auf einem relativ kurzen Par 3 eigentlich auf? Hier scheiden sich ja in der Regel die Geister. Einige Golfer schmeißen den Ball lässig auf den Abschlag und spielen ohne Tee. Andere wiederum teen auch hier auf. Was spricht dafür, was spricht dagegen?

Ich als Amateur spiele immer mit Tee. Die Chance, den Ball sauber zu treffen, ist doch um ein Vielfaches höher als ohne Tee. Aber letztendlich muss das jeder für sich entscheiden. Wir haben ja schließlich keinen Caddy dabei, der uns wertvolle Tipps geben kann. Wir sind ganz allein auf uns gestellt. Golfen ist nun mal eine Einzelsportart. Und genau das stellt sich für viele Golfer auch als weitere große Herausforderung dar.

Natürlich gibt es auch andere Einzelsportarten. Und ja man kann sich über soziale Medien, wie zum Beispiel YouTube eine Vielzahl von Videos anschauen, um zu sehen wie es andere Golfer machen. Profis und Amateure. Und selbstverständlich können wir unseren Pro fragen, oder uns anschauen, was unsere Mitspieler so machen. Aber unterm Strich sind wir für uns allein verantwortlich. Diese vielen Entscheidungen auf der 18 Loch langen Runde, während der gut vier Stunden auf dem Platz, müssen wir ganz allein treffen.

Also treffen wir auch auf diesem Abschlag wieder eine Entscheidung. Schwung holen und versuchen den Ball sauber zu treffen. Und ja, auf den ersten Blick startet der Ball sehr vielversprechend. Die ersten Kommentare kommen schon reingeflogen, aber wir haben da etwas gespürt. Wir wissen sofort, oh das könnte eng werden, weil wir gespürt haben, dass wir den Ball nicht hundertprozentig sauber auf der Schlagfläche getroffen haben. Der war ein bisschen dünn. Und leider gibt uns unser Gefühl recht. Die Flugkurve ist prima, die Richtung ist klasse, aber die Länge reicht nicht. Zack, Ball im Bunker. Und so wie es aussieht, auch noch eine Art Spiegeleilage. Na super. Anstatt besser, wird unser Spiel immer schlechter.

Ist das so? Wird unser Spiel schlechter, nur weil wir einen Ball vom Tee nicht optimal getroffen haben? Wird deshalb unser ganzes Spiel schlechter? Oder müssen wir Amateure uns nicht einfach mal öfter bewusst machen, dass wir eben Amateure und keine Profis sind? Erwarten wir häufig einfach zu viel von uns?

Es stimmt, wenn Sie jetzt sagen, *ja, aber einen Schlag geradeaus über gut 130 Meter, das sollten wir doch schon hinbekommen!* Da haben Sie grundsätzlich vollkommen Recht, das sehe ich genauso. Nur auch hier wieder ganz objektiv betrachtet, es war nur der erste Schlag. Es ist noch nichts verloren. Einen starken Bunkerschlag und einen guten Putt und wir haben das Par in der Tasche.

Aber nein, wir ärgern uns, dass wir den Ball nicht tot an den Stock gelegt haben. Was sind wir doch schlecht. So ein Quatsch. Wir sind doch Hobbygolfer. Wir setzen uns oftmals viel zu viel unter Druck. Und wie auf den ersten Bahnen auch schon, gehen uns auch hier sofort wieder nur die negativen Gedanken durch den Kopf:

Schlechter Abschlag, Ziel nicht erreicht, Ball im Bunker, Spiegelei. Oh nein, was jetzt?

Wie soll denn jetzt dabei noch etwas Vernünftiges herauskommen? Alles reine Lotterie, was nachfolgend passiert. Und wie sieht es in der Realität leider sehr häufig aus? Der Ball liegt tatsächlich etwas tiefer im Sand. Die Bunkerkante ist auch nicht wirklich weit weg. Und die Fahne steht ziemlich nah, so dass wir kaum Grün zum Anspielen haben. Na, das kann ja nur schiefgehen.

Und was wir uns alles für Gedanken machen, der pure Wahnsinn. Ein Caddy könnte uns jetzt auch nicht helfen. Wir sind ja wie die Pros unterwegs. Meine Güte, ist doch egal, ob wir Grün zum Anspielen haben und die Bunkerkante denken wir uns einfach weg.

Also Schlägerblatt ein bisschen mehr schließen als bei einem klassischen Bunkerschlag und einfach raus damit aufs Grün. Egal wohin, Hauptsache raus!

Apropos, wie oft üben Sie eigentlich Bunkerschläge? Auch so oft wie ich? Nämlich gar nicht. Wie gesagt, Lotterie! Wird schon schiefgehen. Wie war das noch mit den negativen Gedanken?

Wir treffen den Ball trotz oder gerade wegen der schlechten Lage so, dass er über das Grün in den hinteren Bunker fliegt. Herzlichen Glückwunsch. Von einem Schlamassel ins nächste. Dort liegt der Ball jetzt zwar oben auf, aber leider hangabwärts. Na super, wird ja immer besser.

Bunker eins, geharkt und verlassen. Wir werden so schnell keine Freunde mehr. Im Bunker Zwei wartet die nächste Herausforderung. Meine Mitspieler sind übrigens alle auf dem Grün. Mit dem ersten Schlag wohl gemerkt. Aber jetzt nur keinen Druck aufbauen. Vor allem keinen Zeitdruck.

Ein Blick zurück in Richtung Abschlag zeigt nämlich, dass dort schon der Flight hinter uns um die Ecke biegt. Aber hey, nur keinen Druck.

Also was tun? Ach egal, einfach draufhauen. Mal gucken was passiert. Und was soll ich sagen? Es passiert nicht wirklich viel. Wir treffen den Ball zu fett, der knallt gegen die Bunkerkante und rollt uns wieder vor die Füße.

Wie geht es Ihnen jetzt? Also mir geht es prima, ich freue mich! Nein, natürlich nicht. Ich könnte mich schwarz ärgern. Darf man das heute eigentlich noch sagen? Ja, denn es geht nicht um die verschiedenen Hautfarben von uns Menschen, sondern es rührt aus dem späten literarischen 18. Jahrhundert. Es meint, sich zu Tode ärgern und gilt als Redewendung hinsichtlich des Ver- färbungszustandes eines Toten.

Ja, Sie haben Recht. Kein sehr schönes Thema, aber neben dem ganzen Golf-Thema gibt es an dieser Stelle auch mal ein wenig Bildungs-Input. Und das hat ja noch niemandem geschadet.

Zurück zum Schlag Vier im Bunker. Übrigens, Stichwort Ärgern. Ein erfahrener Business-Coach erarbeitet mit seinen Teilnehmern immer den wichtigen Punkt:

Über wen oder was ich mich ärgere, entscheide ich immer noch selbst!

Wenn wir es jetzt schaffen, uns nicht über die ver- masselten Bunkerschläge zu ärgern, dann spielen wir in einer ganz anderen Liga. Also mental zumindest. Und? Ärgern Sie sich noch? Also ich schon. Und deshalb nehme ich den Ball auch auf und streiche die Bahn.

Warum? Wenn ich an der Bahn nur einen Schlag Vor habe, würde ich für eine Fünf doch noch einen Punkt bekommen. Das ist richtig. Aber ich habe einfach keine Lust mehr. Wie hoch sind die Chancen, dass dieser eine Punkt noch zu erreichen ist? Und wie hoch sind auf der anderen Seite die Frustfaktoren, die sich noch steigern können, sollte auch der nächste Schlag aus dem Bunker ins Auge gehen?

Also abwägen was Sinn macht. Und außerdem wollen die anderen Jungs doch auch endlich mal ihre Bälle putten. Und wie erwähnt, der Flight hinter uns wartet auch schon. Und wie da einer wartet. Da scharrt schon wieder jemand mit den Hufen. Da hat es wieder einer besonders eilig. Wieso? Wir befinden uns ja alle noch auf dem Grün. Und was macht „Mr. Übereifrig" hinter uns? Der hat schon mal seinen Ball aufgeteet und steht dort auf dem Abschlag so ganz nach dem Motto:

Macht mal ein bisschen Tempo Ihr Schnarchnasen!

Wenn wir wirklich diese „Schnarchnasen" wären, dann könnte ich das ja noch verstehen. Aber trotz einiger Ausreißer haben wir nicht wirklich langsam gespielt. Und übrigens, wie lange ist denn die Etikette Schulung her? Wohl etwas zu lange. Denn dort heißt es doch, dass man als nachfolgernder Flight erst auf den Abschlag geht, wenn der vordere Flight das Grün verlässt. Oder irre ich mich da etwa?

Aber wir wissen ja:

Golfen findet zwischen den Ohren statt!

Bahn 5

Und somit auf zur nächsten Bahn. Voller Elan, mit Schwung und bester Laune, hüpfen wir förmlich zum 5. Abschlag. Nicht? Wieso nicht? Gibt es keinen Grund für? Warum denn nicht? Geht es Ihnen gut? Also gesundheitlich? Privat auch alles okay? Das freut mich. Haben Sie einen netten Flight? Prima. Und die Tatsache, dass Sie Ihre Zeit hier auf dem Platz verbringen können, ist doch auch nicht so schlecht, oder? Wir sehen, es gäbe mit Sicherheit den ein oder anderen Grund sich zu freuen, aber hey, wieso sollten wir uns freuen, wenn doch ärgern viel einfacher ist!?

Na, dann viel Erfolg für den nächsten Abschlag. Aber erst einmal lassen wir unsere Flightpartner abschlagen. Es ist zwar Ready-Golf, aber wir sind noch nicht so weit. Mental und körperlich nicht. Wir haben noch an den Bunkerschlägen zu knabbern. Das mit der Freude hat gerade nicht die erste Priorität.

Also beobachten wir, was die anderen so am Abschlag fabrizieren. Und das läuft ganz gut. Warum klappt das bei denen und bei mir nicht? Bin ich zu blöd zum Golfen? Sollte ich mir eine andere Sportart suchen?

Viel zu früh diese Fragen? Wir sind doch erst auf der 5. Bahn. Das stimmt. Aber es soll ja Menschen geben, die hadern so sehr mit sich, dass sie am liebsten schon nach dem Fehlschlag am 1. Abschlag umgedreht und wieder nach Hause gegangen wären. Ich will hier keine Namen nennen, aber jeder kennt wahrscheinlich jemanden auf den das zutreffen könnte. Und ja, diese Fragen, beziehungsweise diese Gedanken können aufkommen.

Wir sind ja schließlich auch nur Menschen. Der eine ist emotionaler, der andere ist mit sich sehr streng und wiederum ein anderer, dem ist alles egal. Der zeigt höchstens mal eine Regung, wenn der Blitz vor seinen Füßen einschlägt. Ja, so unterschiedlich sind wir Menschen. Und genauso unterschiedlich kann unser eigenes Golfspiel sein. Heute so, morgen ganz anders. Eben gerade noch toll, plötzlich unterirdisch schlecht. Und leider selten absolut perfekt. Aber liebe Golferinnen und Golfer, das wäre doch auch langweilig, oder?

Stellen wir uns einmal vor, wir würden jeden Tag unser perfektes Spiel zeigen. Das würde uns vielleicht die ersten Tage gut gefallen. Wir wären zufrieden und glücklich. Aber besteht der Golfsport nicht genau darin, sich auf nichts verlassen zu können? Und somit wären wir dann auch bei der dritten Einstiegsfrage:

Warum lässt uns diese Sportart nicht mehr los?

Weil sie eben so komplex und einzigartig ist. Weil morgen nichts mehr so ist wie es gestern war. Weil heute das Gefühl aufkommt, wir können es und übermorgen die Realität sagt, du kannst gar nichts. Und weil genau diese Situationen uns immer wieder auffordern, den inneren Schweinehund zu bezwingen, die Dämonen des Golfens davonzujagen und sich über diesen Einen, den wirklich perfekten Schlag wie ein Kleinkind zu freuen. Genau darum lässt uns diese Sportart nicht mehr los und genau deshalb tun wir uns das immer wieder aufs Neue an.

Und vom perfekten Spiel sind wir aktuell auf jeden Fall meilenweit entfernt. Es ist eher wie auf einer Achterbahnfahrt. Rauf und runter. Gut und schlecht reichen sich regelmäßig die Klinke in die Hand.

Die Frage ist, was kommt jetzt? Wie wird der Abschlag auf der 5. Bahn? Haben wir das Par 3 von gerade schon abgehakt? Haben wir es geschafft, die ganzen negativen Gedanken beiseitezuschieben? Wir werden sehen. Immerhin stehen wir auf einer der schwersten Bahnen des Platzes.

Geht es Ihnen eigentlich auch so, dass Sie beim Golfen oftmals mit sich selbst reden? Wenn wir so durch die Straßen laufen würden, wie wir über den Platz gehen, dann würden wir mit Sicherheit einige seltsame Blicke ernten. Aber hier auf dem Platz ist das doch ganz normal. Manchmal habe ich das Gefühl, ich rede mehr mit mir selbst als mit meinen Mitspielern.

Lass den Kopf unten. Dreh die Hüfte. Schwing nicht so schnell.

Kennen Sie auch? Da bin ich ja beruhigt, dass es nicht nur mir so geht. Also egal, ob wir es denken, mit uns selbst reden oder mit den anderen darüber sprechen, wir müssen das machen, was uns nach vorne bringt. Also im wahrsten Sinne des Wortes. Uns und den Ball. Denn wir haben ja schon ein Ziel, welches wir erreichen wollen. Oder?

Der Caddy sagt seinem Profi immer: „*See your Shot!*" Also, „*sieh Deinen Schlag*". Machen wir so etwas auch? Also uns den Schlag bildlich vorstellen? Wo soll er hin? Welche Kurve will ich spielen? Wie hoch oder flach soll er fliegen?

Ich erlebe es immer wieder, dass sich die wenigsten Spieler diese Fragen stellen oder geschweige denn richtig ausrichten. Mich selbst oft eingenommen.

Man teet den Ball auf, schaut vielleicht nochmal kurz nach vorn und dann wird gnadenlos auf den Ball gezimmert. Ob der Ball da landet, wo er sollte, ist dann wohl eher Glückssache. Oder ist es einfach Können? Gar nicht lange darüber nachdenken? Einfach hinstellen und draufhauen? Geht auch. Zu viel nachdenken ist wie bereits erwähnt auch nicht immer der richtige Weg. Aber was ist beim Golfen schon der richtige Weg? Wenn ich mir allein die Golfschwünge der anderen Spieler ansehe oder die Art und Weise des Puttens genauer betrachte, dann wird doch immer wieder eines klar. Golfen ist nicht nur eine der technisch schwersten Sportarten, sondern Golfen ist auch eine von der Ausführung her, individuellsten Sportarten.

Gott sei Dank gibt es beim Golfen keine B-Note. Keine Punkte für den schönsten Schwung, die beste Haltung oder die eleganteste Puttbewegung

Wichtig ist nur, dass der Ball ins Loch kommt. Und ist das nicht das schönste Geräusch was wir hören wollen? Der Moment in dem der Ball ins Loch plumpst. Klock. Drin ist er. Einfach wunderbar.

Ja, Sie haben Recht, der perfekte Schlag mit dem Eisen oder dem Holz, wenn der Ball richtig sauber auf der Schlagfläche getroffen wird, dieses butterweiche Durchgleiten und Zischen des Schlägers, das sind natürlich auch die besonderen Momente die wir gern erleben wollen.

Was ich allerdings gern so manches Mal hätte, wäre eine Adaption vom Tennis. „Second Service", also „Zweiter Aufschlag". Aber klar, das wäre irgendwie auch quatsch. Man kommt ja auf der Runde so auf die kuriosesten Gedanken. Wobei wir ja die Möglichkeit des zweiten Abschlages haben. Das wäre dann leider nur schon der 3. Schlag. Also einfach nicht den Ball ins Aus hauen oder ins Wasser jagen. Na klar, nichts leichter als das. Macht das denn jemand absichtlich? Nein, natürlich nicht. Wenn wir es immer vermeiden könnten, dann würden wir es doch auch tun.

Also, haben wir eigentlich schon den Ball am 5. Abschlag geschlagen? Nein. Auf geht's. Nochmal kurz schauen, wo der Ball hin soll, Haltung einnehmen und drauf. Oh oh, der hat aber eine ganz schöne Kurve. *Bleib gerade, du bist so schön gestartet*, rufen wir innerlich dem Ball hinterher. Aber es ist zu spät, der Ball ist in der Luft. Jetzt können wir nur noch beten. Okay, ganz so schlimm es nun auch wieder nicht. Aber wir müssen hoffen, denn der Ball schlägt doch eine ordentliche Linkskurve ein. Und zwar so weit, dass er genüsslich im Rough verschwindet. Na toll, so hatten wir uns das nicht vorgestellt. Aber hatten wir uns überhaupt etwas vorgestellt? Wenn ja, das bestimmt nicht.

Die Mitspieler sagen aber direkt, wo er ungefähr gelandet sein sollte.

Stellt sich trotzdem die Frage, ob wir noch einen provisorischen Ball hinterherspielen sollten? Besser ist es. Hier haben wir schließlich noch Zwei vor. Also, einen neuen Ball holen und den Schlag noch einmal ausführen. Aber wenn möglich sollte er dieses Mal aufs Fairway, sonst können wir auch diese Bahn abhaken.

Gesagt getan. Wir schaffen es tatsächlich den 2. Ball auf dem Fairway unterzubringen. Und schon kommen die üblichen Sprüche:

Warum nicht gleich so?

Den Zweiten kann ja jeder!

Den finden wir auf jeden Fall!

Wie schön, dass es keine Gehässigkeit unter Golfern gibt. Nur nett gemeinte Äußerungen fliegen dort durch die Luft. Ob das immer so gemeint ist, steht auf einem anderen Blatt. Aber wir sind ja positiv denkende Menschen.

Auf der anderen Seite, mit den entsprechenden Flight-partnern, so ein bisschen Frotzeleien gehören doch dazu, oder? Das lockert das Ganze auf. Immer vorausgesetzt, jeder weiß damit umzugehen.

Schöner Schlag – für eine andere Bahn.

Du bist nochmal dran!

Ist auf jeden Fall im Spiel!

Der war ja gar nicht mal so gut!

Besser im Rough als im Büro!

Der macht nichts kaputt!

Ne ist klar, aber mein Schläger macht hier gleich was kaputt. Und es ist nicht der Boden auf dem wir gerade stehen. Nein, Spaß. Niemand wird hier attackiert. Aber dass man schon mal gern vor Wut in den Schläger beißen könnte oder damit den Boden umpflügen möchte, das kann doch durchaus passieren.

Ja, Sie haben Recht. Gehört sich nicht. Aber wie bereits erwähnt. Der eine geht mit seinen Emotionen offensiv um und der andere eher defensiv. Das ist genau das Gleiche wie mit dem Golfspiel. Wir können den Platz offensiv attackieren oder wir können ihn defensiv spielen.

Das ist ja häufig auch die Frage, die wir uns stellen müssen, wenn wir im Rough liegen.

Defensiv rangehen oder versuchen den Ball offensiv nach vorn zu jagen? Was ist Ihre Erfahrung? Wie oft haben wir es schon bereut, dass wir versucht haben, dem Ball aus dem Rough eine ordentliche Länge zu verpassen? Sehr häufig. Und? Wie ist uns dies gelungen?

Warum chippen wir den Ball nicht einfach wieder aufs Fairway? Kürzeste Linie und raus damit. Alles andere ist doch wie Lotto spielen. *Treffen wir den Ball sauber? Wieviel Gras wickelt sich um den Schläger? Unterschlagen wir womöglich den Ball? Treffen wir ihn besser als gedacht?* Und so wie beim Lotto, ist auch das Spielen aus dem Rough oftmals eine reine Wundertüte. Aber nochmal. Warum nicht den einfachsten Weg wählen? Weil wir besessen sind von der Macht dieses Spiels? Weil wir Meter machen wollen? Weil wir unbedingt noch das Grün in Regulation erreichen wollen? Weil wir es uns selbst zeigen wollen? Oder vielleicht auch den anderen?

Egal, welche Beweggründe uns zu der Harakiri-Aktion verleiten, meistens geht sie schief. Und dann stehen wir da wie ein bedröppelter Pudel, den Kopf gesenkt, den Blick auf den Schläger und in das Rough und können die Welt nicht mehr verstehen. *Wie konnte das denn passieren? Eigentlich lag der Ball doch ganz gut. Wieso liegt der Ball jetzt schlechter als vorher?*

Spätestens jetzt fangen wir an zu Leiden. Den Abschlag ins Rough gehämmert. Den zweiten Schlag durch das Rough gerade mal drei Meter nach vorn befördert. Und jetzt? Gehirn einschalten und einfach nur raus aufs Fairway chippen. Kürzeste Linie. Fertig.

Hinterher ist man immer schlauer. Also machen wir es beim nächsten Mal doch einfach direkt so!

Das Problem bei der ganzen Sache ist nur, es passieren bis zu diesem nächsten Ereignis so viele andere Dinge, da haben wir unsere guten Vorsätze schon wieder vergessen. Das verhält sich ähnlich wie mit den Vorsätzen fürs neue Jahr. Die sind an Silvester, das heißt um Mitternacht sehr präsent. Da haben wir uns für das neue Jahr ganz fest etwas vorgenommen. Und was passiert? Einige Tage später sind diese Vorsätze so weit weg, dass wir uns gar nicht mehr erinnern können welche das überhaupt waren.

Und so ähnlich verhält es sich leider auch auf dem Golfplatz. Wir liegen vier Bahnen später wieder im Rough. Bescheidene Lage, bis zum Grün noch etliche Meter vor uns – na was tun wir? Richtig, alles oder nichts. Und wie so oft, bleibt uns danach nur noch das Nichts. Herzlichen Glückwunsch liebes Gehirn. Warum hast Du uns nicht Bescheid gesagt? Ach, der Verstand ist schon ein seltsames Gebilde.

Wie gut, dass das jetzt alles nur Theorie war. Das war natürlich jetzt alles nicht auf uns und den verzogenen Abschlag an der Fünf gemünzt. Nein, wir sind doch schlau. Wir hacken den Ball einfach aufs Fairway raus. Ach so, wenn wir ihn überhaupt finden. Denn das ist ja die nächste Herausforderung beim Golf. Bälle finden! Also nicht bewusst auf die Suche im Allgemeinen gehen, wir sind ja schließlich nicht beim Ostereiersuchen. Nein, den eigenen Ball finden. Alle haben ihn gesehen. Jeder hat einen Anhaltspunkt.

Ich habe ihn genau im Blick. Linker Baum, ca. 3 Meter davor.

Der andere Mitspieler hat ihn auch gesehen.

Ja, ungefähr da muss er liegen. Ist nicht tief drin. Muss relativ nah am First Cut liegen.

Wir denken uns, na prima, dann geht das Spiel ja von da irgendwie weiter. Wir selbst haben ihn auch gesehen. Also, drei Leute wissen, wo er liegt. Und Sie liebe Leser wissen genau, was passiert. Keiner findet den Ball! Alle haben ihn gesehen. Aber keiner findet ihn. Man findet Bälle, natürlich. Aber nicht seinen eigenen.

Hier ist er. Ach ne doch nicht.

Was hast Du gespielt? Ne, das ist er nicht.

Man muss schon drauftreten, um ihn zu finden.

Das alles hilft mir jetzt wirklich nicht weiter. Na super, kann der Tag noch besser werden? Ja, kann er.

Aber dann sollten wir nicht weiter auf dem Golfplatz unser Unwesen treiben. Okay, so schlimm ist es ja nun auch wieder nicht. Aber im Moment ist der Frust auf jeden Fall recht groß. Dieser verflixte Ball will einfach nicht auftauchen. Das kann doch gar nicht wahr sein. Alle haben ihn gesehen. Ja klar, nur leider aus etwa 140 Metern Entfernung. Und wir wissen, dass die Optik uns schon oft einen Streich gespielt hat. Wenn alle immer den richtigen Ort gesehen hätten, wieso verschwinden dann so viele Bälle auf dem Golfplatz?

Hätten wir ihn doch einfach direkt so geschlagen, wie den Provisorischen. *Hätte, hätte …* Sie wissen schon.

Ein Gutes hätte die ganze Sache aber auch. Wir müssten keinen Ball aus dem Rough spielen, sondern wir könnten schön vom Fairway unseren provisorisch geschlagenen Ball weiterspielen.

Aber wie bereits erwähnt, wir waren schlau. Wir haben uns auf keine Experimente eingelassen, den Ball rausgehackt und spielen jetzt den 3. Schlag noch von dem Bereich vor dem Wasserhindernis. Jetzt brauchen wir wieder einen guten bis sehr guten Schlag, damit wir die Chance haben, den vierten Schlag aufs Grün zu spielen. Und da wir uns nicht ärgern, sondern froh sind, den Ball gefunden zu haben und mit Gehirn weitergespielt zu haben, gelingt es uns, mit vier Schlägen auf dem Grün zu liegen.

Wir haben zwar noch gefühlte 15 Meter bis zur Fahne, aber egal. Hauptsache auf dem Grün. Es folgen drei Putts zur Sieben. Ein Punkt gerettet. Ist zwar nicht viel, aber wer weiß wie wichtig dieser eine Punkt am Ende sein könnte.

Und was soll ich sagen? Wir sind doch erst auf der 5. Bahn. Noch ist so viel Golf zu spielen. Und wir wissen ja:

Golfen findet zwischen den Ohren statt!

Bahn 6

Nachdem wir mit einem leicht süffisanten Lächeln vom Grün gegangen sind und uns einen weiteren Punkt auf die Scorekarte geschrieben haben, müssen wir uns schon wieder auf die nächste Herausforderung konzentrieren. Die Bahn 6 ist ebenfalls ein Par 4, einfach gerade aus. Nur so einfach ist diese Bahn leider nicht. Denn wir müssen mit dem Abschlag erst einmal über ein großes Wasserhindernis, oder wie es so schön neudeutsch heißt, über eine Penaltyarea schlagen. Also wir müssen nicht, wir können auch vorlegen. Aber bitte, spielen wir Golf oder spielen wir Golf? Attacke ist angesagt. Ja ich weiß, nicht jeder will oder kann hier übers Wasser hauen. Es gibt viele Spieler, die legen bewusst vor und spielen dann den zweiten Ball ins Wasser. Ach ne, Entschuldigung. Die schlagen den zweiten Ball dann gekonnt ins Rough. Nein, auch falsch. Die hauen den zweiten Schlag gezielt in die Mitte des Fairways. Und wenn es gut läuft, wird der dritte Schlag dann an den Stock genagelt, ein Putt und fertig ist das Par! Natürlich.

Wir stehen auf jeden Fall mit dem Driver in der Hand auf dem Abschlag. Schließlich spielen wir doch voller Selbstvertrauen, voller positiver Energie und positiver Gedanken. Oder eher nicht? Wahrscheinlich sollte man nach dem Verlauf der letzten beiden Bahnen eher den Driver wieder wegstecken und ein Eisen nehmen, um den Ball einfach ins Spiel zu bringen. Aber hey, warum einfach wenn es auch schwierig geht? *No Risk no Fun!* Auch so ein toller Spruch, der wenn der komplizierte Schlag gelingt, ein toller Spruch ist.

Der aber auf der anderen Seite, wenn der Risikoschlag misslingt, einer der blödesten Sprüche überhaupt ist. Und eigentlich stellt sich die Frage doch gar nicht. Nicht umsonst hat unser Headgreenkeeper das Fairway an entsprechenden Stellen besonders breit, das heißt, spielerfreundlich gemäht. Also, wir haben nichts mehr zu verlieren.

Und was soll ich Ihnen sagen, wir hauen mit einer gesunden Mischung aus Können und Wut den Ball perfekt geradeaus über das Wasser, in das kleine Tal und liegen für den 2. Schlag bei ca. 140 Metern zum Grün. Alles richtig gemacht. Ja, so einfach kann Golfen sein.

Das ist wie mit allem im Leben. Wenn etwas funktioniert, dann macht es uns Freude. Wenn es uns Freude macht, hat es meist keine Kraft gekostet. Und wenn es keine Kraft benötigt, dann ist es uns leicht von der Hand gegangen.

Warum denn also nicht immer so? Weil das Leben kein Wunschkonzert ist.

Weil auf dem Golfplatz nicht das Prinzip *„Wünsch Dir einen Schlag und er wird in Erfüllung gehen"*, gilt. Weil hier die knallharte Realität auf eiskalte Fakten trifft. Aber jetzt, in diesem Moment sind wir wieder voll im Spiel. Dieser Abschlag, der baut uns auf. Voller Adrenalin gehen wir an dem Wasserhindernis vorbei, schauen süffisant in den Teich und denken uns nur. *So, hast Du gesehen, wie man das macht!*

Ja sicher. Sprechen Sie nicht mit den verschiedenen Bereichen des Golfplatzes? Schimpfen Sie nicht mit dem Baum, der auf einmal ganz plötzlich vor Ihnen auftaucht? Der steht zwar schon jahrelang da, aber komisch, dass der auf einmal genau in meiner Flugbahn steht.

Und dieses Wasserhindernis, das ist aber auch irgendwie größer geworden, oder? Das war doch früher nicht so schnell im Spiel?

Und diese Grüns, die werden aber auch jedes Jahr kleiner. Also ich bin mir sicher, dass das Grün geschrumpft ist.

Und diese Bunker erst. Hat die eigentlich über Nacht jemand Richtung Grün geschoben?

Dieser Abschlag, der ist aber auch krumm und schief. Und die Ausrichtung erst. Da passt doch gar nichts.

Diese viel zu kleinen Grüns sind aber heute echt schnell. Verdammt, vor ein paar Tagen waren die doch noch viel langsamer.

Erst recht der Sand in den Bunkern. Der ist aber auch überall anders. Den hat doch bestimmt jemand extra für mich da rein geschüttet.

Ja, wenn man das so liest, dann kann man sich doch schon mit den entsprechenden Bereichen auch mal unterhalten, oder?

Sie denken sich jetzt wahrscheinlich gerade, der hat sie auch nicht mehr alle! Kann sein, dass man ein bisschen Gaga wird, wenn man zu viel Golf spielt. Oder zu viel Zeit mit den falschen Leuten verbringt. Spaß. An denen liegt es nicht. Obwohl? Wenn wir das ganz objektiv betrachten, können auch unsere Mitspieler unser Spiel beeinflussen. Im positiven sowie auch im negativen Sinne.

An wen ich gerade denke? Ach, da gibt es so viele Beispiele. Da gibt es den ICH bezogenen Golfer. Der erzählt zu 90% nur von sich. Das kann bei gut vier Stunden schon mal sehr anstrengend werden. Dann gibt es da noch den generellen Vielerzähler. Der quatscht uns bildlich gesprochen, vom Parkplatz bis zum 18. Grün zu. Mit Sachen, die so wirklich keinen interessieren. Auch das ist nicht weniger anstrengend. Und es gibt natürlich auch den Schweiger. Wenn man selbst mal versucht, ein kurzen Smalltalk zu führen, dann kommt da nicht wirklich eine Resonanz. Das kann ebenfalls sehr zermürbend werden. Aber dann kann man ja schließlich immer noch mit sich selbst oder mit den angesprochenen Bereich reden.

Egal, wir stehen an unserem Ball. Schauen noch mal zurück und denken. *Wow, das war mal ein Hieb! Nicht* von *schlechten Eltern!* Und jetzt heißt es, genau da weiter machen. Das Grün ist fast erreicht, also:

Komm, mach einen schönen sauberen Schwung, lass den Kopf unten und nagel den Ball aufs Grün!

Und das sagen wir uns dann auch, während wir den Ball ansprechen. Warum auch nicht? Wenn uns schon von außen keiner motiviert, dann müssen wir das ja wenigsten selbst machen. Und was soll ich Ihnen sagen? Es gelingt. Wir haben ein kleines Holz, ein Hybrid oder was auch immer in der Hand und schaffen es, denn Ball aufs Grün zu befördern. Was für ein toller Golfschlag. Nicht tot am Stock, aber hey, wir wollen ja mal nicht übertreiben. Hauptsache auf dem Grün. Das ist auf dieser Bahn mit dem 2. Schlag schon ein ausgezeichnetes Ergebnis. Ob es jetzt ein Putt, zwei oder drei werden. Egal. Wir sind wieder obenauf. Hier auf dieser Bahn kann uns nichts mehr passieren.

Während uns diese ganzen Gedanken durch den Kopf gehen, hören wir nur Applaus von einem unserer Mitspieler. *Du Tier. Super Schlag!*

Danke. Aber mal ehrlich, hat irgendwer daran gezweifelt, dass wir das Grün treffen? Ich bitte Sie. Das Ding war doch ein Selbstläufer. Nein, war es natürlich nicht. Nicht heute, nach den bisherigen Löchern und auch nicht an anderen Tagen, an denen es womöglich bis dahin viel besser gelaufen ist. Denn jeder weiß, da gehört auch eine Portion Glück dazu. Das Rüstzeug haben wir. Aber da beim Golfen so viel zusammen passen muss, denke ich, dass auch bei den guten Schlägen das Glück immer eine Rolle spielt. Umgekehrt verfolgt uns ja auch oft genug das Pech. Wenn es mal nicht läuft, dann bleibt der Ball auch nicht auf dem Grün liegen.

Dann rollt der gerade eben noch runter in den Bunker. Dann fällt der vermeintlich einfache Putt auch nicht.

Dann kommt der Ball auch nicht wieder wie von Geisterhand aus dem Wald heraus. Wenn es nicht läuft, dann läuft es nicht. Das Einzige was läuft ist vielleicht die Nase, mehr aber auch nicht.

Vermissen Sie eigentlich an der 6. Bahn auch die Topfbunker? Bis vor einigen Jahren wurde das Grün noch durch drei richtig tiefe Topfbunker bewacht. Das waren noch Zeiten. Wie oft haben wir dort drin gelegen und haben die Dinger verflucht. Aber haben nicht gerade diese Besonderheiten diese Bahn ausgemacht? Ja klar, schwer genug ist sie auch heute noch. Und Bunker gibt es weiterhin. Aber diese Topfbunker hatten schon so ihren Ruf. Viele Gäste oder Turnierteilnehmer aus befreundeten Golfclubs haben immer wieder über diese Bahn gesprochen. Natürlich wollte niemand wirklich gern darin liegen. Auf der anderen Seite war es immer eine sehr spezielle Herausforderung aus diesen Bunkern zu spielen. Denn wenn man erfolgreich war, war das Glücksgefühl umso schöner. Aber wir wollen nicht in der Vergangenheit schwelgen, wir kümmern uns um die aktuelle Situation.

Um es kurz zu machen, es wurden leider wieder drei Putts zum Bogey auf diesem sehr schweren Grün. Aber die nehme ich gern. Für die Fünf gibt es immerhin drei Punkte. Also schon wieder einen Punkt gutgemacht. Ja genau, so geht positives Denken!

Mal sehen, wie lange das anhält, denn die nächste Bahn wartet bereits und wir wissen ja:

Golfen findet zwischen den Ohren statt!

Bahn 7

Wir freuen uns. Ja, vollkommen richtig. Die vorherige Bahn bringt das Lächeln wieder zu uns zurück. Wir gehen voller positiver Energie an den 7. Abschlag. Wir warten auch nicht, bis jemand anderes dort die Initiative übernimmt, nein wir stellen die Karre ab, nehmen beherzt einen Schläger in die Hand und gehen auf den Abschlag.

Welchen Schläger? Egal, nach der Bahn gerade kann so schnell nichts mehr schief gehen. Wir könnten auch mit dem Putter abschlagen. Na gut, wollen wir mal nicht übertreiben. Aber ob jetzt ein langes Eisen, ein kleines Holz oder sogar der Driver herhalten muss, ist letztendlich völlig egal. Uns kann nichts mehr passieren. Wir sind wieder im Spiel. Und was soll ich Ihnen sagen? Es stimmt sogar. Aber warum ist das so?

Wir haben ja vorhin festgestellt, dass unser Unterbe-wusstsein bei den ersten negativen Impulsen automatisch auf einen weiteren negativen Impuls wartet. Und so verhält es sich umgekehrt natürlich genauso. Wir haben mit der erfolgreich gespielten Bahn lauter positive Impulse an unser Unterbewusstsein gesendet, so dass dieses jetzt auf weitere positive Impulse wartet. Und womöglich ist das der Grund dafür, dass uns auch hier, am 7. Abschlag, ein nahezu perfekter Schlag gelingt.

Ja, Sie haben Recht. Es ist keine Garantie. Wie oft haben wir es schon erlebt, dass nach einer tollen Bahn, auf der man vielleicht sogar ein Birdie gespielt hat, ein absolut katastrophaler Abschlag folgt. Alles schon passiert. Aber jetzt ist das nicht der Fall. Wir freuen uns!

Lange Rede kurzer Sinn. Die Bahn wird ganz entspannt gespielt. Für den 2. Schlag aufs Grün haben wir noch ca. 110 Meter. Kein Problem. Zum Beispiel ein Eisen Neun und das Thema ist erledigt. Wir machen auch gar nicht lange rum. Hinstellen, draufhauen und fertig. Man muss die Welle reiten solange Sie da ist. Und das machen wir. Und es gelingt. Wir schlagen einen sauberen Eisenschlag aufs Grün. Nur leider steckt die Fahne unten und unser Ball liegt oben. Wir haben hier so ein schönes kniffliges Grün mit zwei Etagen.

Warum steckt eigentlich heute die Fahne nicht oben? Sonst steht die doch immer irgendwo im oberen Bereich. Nur ausgerechnet heute nicht. Jetzt spielen wir einmal einen tollen Schlag auf dieses Grün und schon hat irgendwer die Fahne an die falsche Position gestellt.

Kennen Sie das auch? Steht die Fahne oben, schaffen wir es oftmals nicht, den Ball aufs richtige Plateau zu transportieren. Steht die Fahne im unteren Bereich, landet unser Ball wie von Geisterhand auf dem oberen Plateau. Und was dann noch erschwerend hinzukommt, dass die Fahne nicht weit vorn, aus Spielersicht gesehen steckt, sondern so ziemlich genau an dem Übergang. Fast noch in der Schrägen. Was heißt das dann für uns? Ein nahezu unmöglicher Putt steht auf dem Programm. Wie sollen wir das machen? Die einzige Chance ist, ihn Mitte Loch zu spielen. Aber aus ca. 10 Metern Entfernung? Bergab? Über eine Welle? Mit einer leichten Kurve?

Meine Güte, da hätte sogar ein Pro so seine Schwierigkeiten, denn auch der kann ja nicht die Gesetze der Physik außer Kraft setzen. Also, was bleibt zu tun?

Wir müssen den Putt so langsam spielen, dass er nicht wieder vom Grün rollt, aber wir müssen ihm auch so viel Tempo mitgeben, dass er die Welle überhaupt schafft. Sagen wir es ganz offen. Es ist reine Lotterie. Sollte der Ball dabei ins Loch fallen, spielen wir am besten schnell noch einen Lottoschein. Die Chancen sind ja nun wirklich eher gering. Viel größer ist die Tatsache, dass wir den Ball, egal wie wir ihn spielen, von dort oben überhaupt nicht zum Liegen bekommen.

Unterm Strich müssen wir uns auch hier schon wieder auf einen Dreiputt einstellen. Alles was besser ist, ist in diesem Fall ein Bonus. Und auch hier wieder ganz objektiv betrachtet, ist ein Bogey nichts Verwerfliches. Zwei Punkte, Mund abputzen und weiter machen.

Und so sieht es heute in der Realität auch aus. Der erste Putt wird viel zu lang. Der Rückputt schafft es nicht bis ins Loch. Der Dritte sitzt.

Was ist neben den 2 Nettopunkten das Schöne an dieser Bahn? Wir haben uns nicht aufgeregt. Wir haben nichts falsch gemacht.

Es sah irgendwie alles nach Golf aus. Natürlich sagt der Perfektionist, dass man den Schlag aufs Grün hätte präziser spielen können. *Hätte hätte* Fahrradkette.

Haben wir aber nicht. Wir sind nun mal nicht perfekt. Wir haken das mit dem Putten einfach als Pech ab und freuen uns, denn wir wissen ja:

Golfen findet zwischen den Ohren statt!

Bahn 8

Endlich mal wieder ein Par 3. Zwar ein langes Par 3, aber immerhin ein Par 3. 175 Meter bis Mitte Grün. Links und rechts überall Bunker zur Verteidigung.

Welchen Schläger bevorzugen Sie hier? Abhängig vom Wind? Haben wir die Bahnen 8 und 9 schon jemals ohne Gegenwind erlebt? Ich kann mich nicht daran erinnern. Auch wenn es sonst auf dem kompletten Platz nahezu windstill ist, hier weht irgendwie immer eine steife Brise von vorn. Und so ist diese Bahn gefühlt noch einige Meter länger als sie eh schon ist.

Welchen Schläger wir jetzt nehmen, welche Taktik wir auch immer wählen, die Bahn wird nicht einfacher. Schaffen wir es, den Abschlag auf dem Grün zu platzieren, ist das Par oder sogar ein Birdie drin. Gelingt uns das aber nicht, das heißt, wir landen vielleicht im Bunker oder womöglich irgendwo im Rough oder schlimmstenfalls sogar im Aus, dann wird aus diesem Par 3 eine noch größere Herausforderung als sie sowieso schon ist.

Verdammt, der Platz hat es aber auch echt in sich. Und da sind sie schon wieder, diese ganzen Gedanken. Man hat gar nicht die Möglichkeit, die schöne Natur zu genießen. Diesen optisch ausgezeichneten Abschlag zu bewundern. Rechts von uns Wasser, vor und hinter uns Wasser. Die Enten schwimmen vergnügt darin. Die Bäume und Sträucher links und rechts, einfach herrlich. Wie bitte? Wen das interessiert? Na uns alle hoffentlich. Oder rennen wir nur noch stupide und völlig abgestumpft von einer Bahn zur anderen?

Natürlich haben Sie recht. Wir sind ja schließlich zum Golfspielen hier. Und nicht um eine Wanderung durch die Natur zu machen. Keineswegs. Wir wollen doch nicht wirklich was fürs Auge haben. Wir wollen einzig und allein diesen kleinen weißen Ball in das Loch befördern. Was um uns herum passiert ist absolut nebensächlich.

Wobei, das ist schon ein bisschen kurios. Wenn um uns herum alles in bester Ordnung ist, also in Bezug auf den Platz und die Natur, dann wird das nicht sonderlich registriert. Dann ist das normal. So soll es ja schließlich auch sein. Ist aber plötzlich irgendetwas nicht so wie es sein sollte, dann haben wir auf einmal ein Auge dafür. Und sogar die Zeit, uns darüber zu echauffieren.

Also dieser Weg ist aber eine echte Katastrophe. Den könnten die auch mal neu machen.

Die Holzplanken der Brücke sind aber wirklich marode. Die müssten dringend erneuert werden.

Diese Bäume, die wachsen ja schon in den Abschlag hinein, die müssen aber schnellsten beschnitten werden.

Dieser Abschlag sah auch schon mal besser aus. Die reinste Hügellandschaft hier.

Und dieser unterschiedliche Sand in den Bunkern, Da kann man doch gar nicht vernünftig spielen.

Ist auch unser gutes Recht, schließlich bezahlen wir ja auch eine Menge Geld, um hier zu spielen. Das stimmt. Und ja, solche Anliegen an der richtigen Stelle in entsprechender Art und Weise zu kommunizieren, das ist mit Sicherheit sehr wichtig. Aber was nützt uns diese Meckerei in unserer aktuellen Situation auf dem Platz?

Nichts. Im Gegenteil. Sie hindert uns daran, entspannt und erfolgreich Golf zu spielen. Sie lenkt uns in diesem Moment einfach nur ab. Also lassen Sie uns gern punktuell Kritik oder Verbesserungsvorschläge an die entsprechende Stelle bringen. Was übrigens genauso auch für Lob gilt. Aber lassen Sie uns auch im Hier und Jetzt diese Nebenkriegsschauplätze ausblenden und uns nur auf uns und unser Spiel konzentrieren.

Denn hier und jetzt kennen wir nur ein Ziel. Und zwar diesen kleinen weißen Ball in das kleine Runde Loch zu befördern. Erbarmungslos jagen wir diesem nach. Komme was da wolle. Schaffen wir das allerdings nicht, ist für viele von uns der Tag gelaufen.

Ich kann mich noch sehr gut an die ersten Golfjahre meines Vaters erinnern. Zu der Zeit hatte ich selbst mit Golfen überhaupt nichts am Hut. Aber dieses eine Erlebnis bleibt mir in Erinnerung. Meine Eltern kamen vom Golfen nach Hause. Ich war schon von der Schule wieder da und saß in meinem Zimmer.

Mein Vater kam rein, hatte echt schlechte Laune und raunzte mich an, *warum ich denn nicht die Post aus dem Briefkasten genommen hätte?*

Normalerweise hätte er mir das anders gesagt, aber an diesem Tag war sein Golfspiel die reinste Katastrophe gewesen, so sagte mir meine Mutter später. Er wäre wohl auch nach der Runde wie eine „gesenkte Sau" nach Hause gefahren, so dass meine Mutter froh war, dass sie heil zu Hause angekommen waren.

In diesem damaligen Moment habe ich mir nicht viel dabei gedacht. Eltern haben halt auch mal schlechte Laune. Und er hatte ja Recht. Ich hatte vergessen, die Post zu holen. Aber Sie wissen ja, als Kind oder Jugendlicher kann man es seinen Eltern eh nicht recht machen.

Als ich dann irgendwann selbst mit dem Golfen begann, da kam mir dieses Bild meines Vaters wieder in den Sinn und ich habe mir geschworen, sobald ich von dem 18. Grün gehe, hake ich alles ab. Wenn es gut gelaufen ist, alles prima. Wenn es schlecht gelaufen ist, es ist nur Golf. Ich muss damit kein Geld verdienen. Nichts und niemand hat es verdient, durch ein eventuelles schlechtes Spiel, in irgendeiner Art und Weise Leid zu erfahren.

Und ich darf Ihnen sagen, das habe ich bis heute geschafft. Dass ich abends öfter im Bett liege und mir noch mal die ganzen Schläge durch den Kopf gehen, ich glaube, das kennen viele von uns. Und das ist auch sicherlich ganz normal. Aber alles andere bleibt auf dem Golfplatz. Was auf dem Platz geschieht das bleibt auf dem Platz!

Stichwort Platz. Welchen Schläger haben Sie denn jetzt genommen an diesem Par 3? Also ich nehme mein Lieblingsholz, das Holz 7. Haben Sie gar nicht? So wie ich das in der letzten Zeit mitbekommen habe, besitzen die wenigsten Golfer ein Holz 7. Ich verrate Ihnen noch etwas. Ich habe alternativ sogar ein Holz 4. Verrückt, oder?

Die meisten Spieler besitzen ein Holz 3 und ein Holz 5. Und schon sind wir wieder beim Thema Material. Hier scheiden sich ja in der Regel die Geister. Die einen schwören auf bestimmte Eisen und Hölzer. Und die anderen wiederum schwören auf ein andere Marke. Von den verschiedenen Puttermodellen wollen wir lieber erst gar nicht anfangen.

Gibt es hierbei ein richtig oder falsch? Nein, auf gar keinen Fall. Genauso individuell wie wir Menschen sind, genauso individuell sind wir in der Wahl unserer Schläger. Jeder so wie er mag. Allerdings, wie gerade erwähnt, bezeichne ich mein Holz 7 als Lieblingsholz.

Da fällt mir gerade wieder ein anderer Spieler ein, der mit mir schon das ein oder andere Turnier gespielt hat und sich auch Jahre später noch daran erinnert, dass ich auf einem Par 5 den zweiten Schlag bewusst auf ca. 150 Meter bis Grünanfang gelegt habe, um ihn dann mit meinem geliebten Holz 7 aufs Grün zu befördern. Um es noch etwas genauer zu sagen, der kriegt sich gar nicht mehr ein, wenn er nur daran denkt. So etwas hätte er noch nie gesehen.

Im ersten Moment war ich ob seiner Reaktion etwas irritiert, weil dieser Vorgang für mich zu der Zeit ganz normal erschien.

Machen das die Profis nicht auch? Sich zu überlegen, wo wollen sie wie weiterspielen? Nun gut, ich bin meilenweit von einem Pro entfernt, aber wenn es funktioniert? Dann habe ich doch alles richtig gemacht. Übrigens zu besagter Bahn kommen wir gleich, denn es handelt sich hierbei um die 9. Bahn.

Nochmal kurz zu den Schlägern. Haben Sie auch einen Lieblingsschläger? Ein Lieblingsholz oder Lieblings-eisen? Warum ist das so? Klappt bei diesen Schlägern wirklich alles besser als bei den anderen Schlägern?

Muss ja schon sein, denn sonst würden wir diesen Schläger ja nicht so bezeichnen und ihn förmlich ins Herz geschlossen haben. Und was ist mit den anderen Schlägern? Haben wir die verbannt? Sind die alle Mist? Woran liegt es, dass nicht alle Schläger in unserem Bag unsere Lieblingsschläger sind?

Ich habe vor kurzem mit einem Freund gespielt, der hatte zwei Putter im Bag. Das habe ich so auch noch nicht gesehen. Ist das eigentlich erlaubt?

Egal. Auf jeden Fall sagte er auf einmal: *„Ich nehme gleich wieder den anderen Putter, der hier funktioniert einfach nicht!"*

Ich wusste gar nicht, dass ein Schläger funktionieren kann. Gibt es da irgendwo einen Knopf an dem man ihn ein- und ausschalten kann?

Ich war ein bisschen perplex. Okay habe ich mir gedacht, dann bin ich ja mal gespannt, ob der andere Putter gleich besser „funktioniert". Und was soll ich Ihnen sagen? Nein, hat er nicht. Auf dem übernächsten Grün musste wieder der andere Putter herhalten. Ich sage es Ihnen, Golfer sind echt spannende Persönlichkeiten.

Dass sein Misserfolg beim Putten nichts mit den verschiedenen Modellen zu tun hatte, sondern eher an seiner Technik lag, das stand natürlich nicht zur Diskussion. Man muss vielleicht an dieser Stelle erwähnen, dass er auch gerade mal ein gutes Jahr Golf spielt. Also sich dementsprechend in vielerlei Hinsicht noch finden muss. Sich und sein Material.

Aber kennen wir das nicht alle? Schuld sind immer die anderen. Was in den meisten Fällen keine Personen sind, sondern die Schläger. Ein anderer Spieler sagte mir letztens, dass er seine Eisen bis zum Eisen 5 prima spielen würde, nur das Eisen 4 wäre nicht sein Freund. Golfen ist schon verrückt. Jetzt werden sogar Schläger zu Freunden oder gar Feinden.

Verdammt. Jetzt bin ich so weit abgedriftet, dass wir dieses Par 3 völlig aus den Augen verloren haben. Und abgedriftet ist leider an dieser Stelle auch das richtige Stichwort.

Unser Ball ist nämlich leider nach rechts in einen der Bunker abgedriftet. Nicht schon wieder Bunker. Par 3 und Bunker, da war doch was. Sie erinnern sich? An unsere wenig erfolgreiche Aktion an der Bahn 4, dem ersten Par 3? Wobei hier, wenig erfolgreich schon völliger Blödsinn ist, denn die Bunkerschläge waren absoluter Mist. Und was soll ich Ihnen sagen? Auf den anstehenden ca. 165 Metern Fußmarsch zu unserem Ball, da kommen sie wieder. Diese Erinnerungen an das besagte Par 3. An diese verdammten Bunkerschläge. Wir haben einfach viel zu viel Zeit, um nachzudenken. Das ist nicht gut.

Aber was sollen wir machen? Da müssen wir durch. Wir haben uns ja schließlich diese Sportart ausgesucht. Wir hätten uns auch eine weniger nervenaufreibende Sportart, wie zum Beispiel Wasserballett, aussuchen können. Wenn wir uns so den ein oder anderen Golfer beim Wasserballett vorstellen … oh nein, lieber nicht. Aber wir schweifen ab.

Um die ganze Sache hier kurz zusammenzufassen: Der Bunkerschlag war alles andere als eine Offenbarung. Viel zu schnell hinterhergeguckt. Glück gehabt, dass der Ball trotz Berührung der Bunkerkante, noch irgendwie aufs Grün gehoppelt ist. Leider wurden daraus mal wieder drei Putts, Also eine Fünf für einen Punkt. Egal. Mund abputzen und weitermachen. So ein kleiner Ausrutscher wirft uns noch lange nicht aus der Bahn. Her mit den positiven Gedanken der Bahnen zuvor, denn schließlich wissen wir ja:

Golfen findet zwischen den Ohren statt!

Bahn 9

So, nach dem „entspannten" Par 3, haben wir jetzt endlich mal wieder ein langes Par 5 vor der Nase. Von wegen, entspannt, das war alles andere als ruhig und gelassen gespielt. Haben Sie auch das Gefühl, dass je schlechter wir spielen, sich die Runde immer anstrengender anfühlt?

Ist wahrscheinlich auch ganz normal, da wir mehr Schläge brauchen, häufiger Frustsituationen erleben und dementsprechend auch angespannter über den Platz gehen und zusätzlich noch mehr laufen müssen, als wenn wir gut spielen. Wir alle haben aber auch schon mal die andere Seite erlebt. Die Runde vergeht wie im Flug. Die meisten Schläge sitzen, die Putts fallen auch und die Bunker lassen wir fast komplett außen vor. Wir schweben förmlich über den Platz. Und dann landen wir ergebnistechnisch auch schon mal bei ca. 90 Schlägen oder weniger.

Leider ist das nicht die Regel. Es ist in vielen Fällen doch eher die Ausnahme. Es sei denn, wir haben so viel Zeit und Ehrgeiz, häufig zu trainieren, Trainerstunden zu nehmen und mindestens jeden zweiten Tag auf dem Platz zu stehen. Letztens habe ich mich mal wieder selbst interviewt. Und zwar auf einem der 18 Grüns. Mein Putten war nämlich an diesem Tag mal wieder unterirdisch. Was sage ich da? In den letzten Wochen war das wirklich nicht das Gelbe vom Ei. Mein Monolog lautete so sinngemäß:

Wenn ich jetzt auch noch Putten könnte, dann wäre alles prima!

Mein Mitspieler fragte mich darauf, *wie oft ich denn das Putten üben würde?*

Meine Antwort: *Gar nicht. Nur vor der Runde ein bisschen auf dem Übungsgrün.*

Und uns beiden war eines natürlich sofort klar: Woher soll das Putten kommen, wenn man es nicht übt?

Ich weiß noch, dass vor einigen Jahren, zwei Freunde von mir auch zum Golfen gekommen sind und mir damals gesagt hatten:

Ach, Putten kann ich bestimmt. Beim Minigolf bin ich auch sehr gut.

Ja klar. Weil Minigolf und Putten auf dem Grün auch zwei völlig vergleichbare Sachen sind. Ich dachte mir nur, kommt ihr mal mit auf die Runde. Mal sehen, wie ihr dann über das Putten reden werdet. Und was soll ich Ihnen sagen? Die haben sich ganz schön umgekuckt auf den Grüns. Und nicht nach jubelnden Mitspielern, weil sie alles ins Loch geputtet hatten was nur ging. Nein, denen wurde ganz schnell klar, dass das eine nichts mit dem anderen zu tun hat.

Zurückzukommen auf die Faktoren Üben und Trainieren. Ohne die geht es natürlich nicht. Ich bin auch jemand, der dann gern mit dem Satz kommt: *Ich übe auf dem Platz.*

Aber wenn ich auf dem Platz übe, dann kann und darf ich natürlich nicht erwarten, dass die Putts reihenweise fallen oder „tot am Stock" liegen. Dann muss ich auch damit leben, wenn vieles nicht funktioniert und nachher unterm Strich einige Dreiputts auf dem Zettel stehen und das Nettoergebnis gerade mal so an die 30 Punkte heranreicht.

Von nichts kommt nichts. Üben, üben, üben. Ach, wenn ich doch nur nicht immer so übungsfaul wäre.

Schluss mit der Theorie. Hin zur Praxis. Sie wollen endlich etwas über die Bewältigung der 9. Bahn erfahren? Sehr gern. Wie erwähnt, ein langes Par 5. Eigentlich geht es nur geradeaus. Nein, nicht eigentlich. Es geht nur geradeaus. Aber leider kommen Bäume, Wasserhindernisse, Bunker und Ausgrenzen ins Spiel. Nur, ist das denn etwas Neues? Das ist doch auf fast jeder Bahn der Fall.

Auch hier am Abschlag wird der Driver gezückt und mit aller Gewalt auf den Ball geprügelt. Man will unbedingt Länge machen. Vor allem, wenn hier im Turnier auch noch die Longest Drive Wertung ausgespielt wird. Leider wird durch diesen Druck, den man sich selbst auferlegt, der Schwung oftmals nicht gerade besser. Wie oft haben wir schon erlebt, wenn man unbedingt besonders weit schlagen will, dass das Resultat dann eher für die Tonne war. Die Bälle landen rechts im Aus, links im Rough oder schaffen es noch nicht einmal über das erste Wasserhindernis hinweg.

Und dann stehen wir da am Abschlag dieser 9. Bahn wie ein bedröppelter Pudel. Der Blick geht wieder Richtung Boden, man schaut frustriert auf seinen Schläger und fragt sich, wie das passieren konnte?

So viel zum Thema Unterbewusstsein. Anstatt dass wir hingehen, unser Gehirn einschalten und uns sagen:

Du brauchst im besten Fall sowieso drei Schläge bis aufs Grün. Also schwing locker und konzentriere Dich auf einen sauberen Schwung. Den Rest macht doch eh der Schläger.

Aber genau das ist ja diese elendige Herausforderung, auf 18 Loch, das heißt, über gut vier Stunden, immer und überall voll konzentriert zu sein. Und mal ehrlich, wer schafft das schon? Und wenn wir das so verbissen machen würden, hätten wir denn dann noch Spaß am Golfen?

Vor kurzem sagte mir ein anderer Mitspieler, mit dem ich genau darüber sprach, dass es aus seiner Sicht einen großen Unterschied zwischen konzentriert und verbissen geben würde. Und ja, da hat er vollkommen recht. Die verbissenen Spieler, die nur das eine Ziel im Auge haben, die darf man auf der ganzen Runde nicht wirklich ansprechen. Die sind die ganze Zeit im Tunnel.

Die konzentrierten Spieler erkennt man ganz gut daran, dass sie zwischen den Schlägen auch gern mal zu einem kurzen Smalltalk bereit sind. Nicht zu viel Gerede, denn sobald sie in die Nähe ihres Balles kommen, dann schalten sie natürlich schnell wieder in ihren Konzentrations-modus.

Und sind wir mal ehrlich, Vier Stunden lang zugequatscht werden will doch auch keiner von uns. Auch hier macht es die gesunde Mischung. Nur leider erkennen viele Menschen das nicht oder denken zumindest nicht darüber nach. Dann kann eine Runde schon mal sehr mühsam werden und man hat schnell einen Spieler auf seiner Liste, mit dem man nicht so gern wieder spielen möchte.

Wie auf der Bahn 8 bereits erwähnt, habe ich eine Zeitlang versucht den zweiten Schlag auf ca. 150 Meter zu legen, um ihn dann mit meinem Holz 7 aufs Grün zu befördern.

Mittlerweile spiele ich die Bahn ein wenig anders, da sich meine Längen dahingehend verändert haben, dass ich, wenn ich den Ball sauber treffe, mit dem Holz 7 gut und gern 170 Meter oder weiter schlage. Und je nachdem wo die Fahne steht und wie die Windverhältnisse sind, wäre der Ball dann schnell im Gebüsch hinter dem Grün. Und da will erst recht keiner landen.

Wie ist das eigentlich bei Ihnen? Verändert sich Ihr Spiel im Laufe der Zeit? Werden Sie länger oder kürzer? Verändert sich unser Schwung? Eines ist klar. Je älter wir werden, desto reduzierter werden unsere Ausholbewegungen und auch unsere Körperrotationen. Und das ist ja auch ganz normal. Aber bis zu einem gewissen Alter hat man ja noch Ziele. Und so verhält sich das bei mir mit meinem Spielplan. Hört sich an, als würde ich auf der Tour spielen, oder? Also bitte nicht falsch verstehen, ich bin mit Sicherheit kein „Dr. Schwung" oder „Mister Allwissend". Aber ich versuche mir jedes Jahr neue Ziele zu setzen, um weiterzukommen. Und dazu gehört, an der Bahn 9 den Abschlag so weit und präzise zu schlagen, dass ich die Chance habe, mit dem zweiten Schlag anzugreifen. Hört sich das vermessen an? Wieso? Wenn der Abschlag im Sommer bei top Bedingungen bei ca. 180 Metern zum Grün liegt, dann haben wir doch eine realistische Chance.

Und wie oft ist es mir schon passiert, dass ich den zweiten Schlag vorgelegt habe und dann den dritten Schlag getoppt habe, so dass er dann ins Wasser geflogen ist. Dann haue ich doch lieber den 2. Schlag ins Wasser und spiele dann den Vierten weiter. Also wenn es nicht perfekt läuft.

Heute im Herbst funktioniert das leider nicht. Aber unser Abschlag hat funktioniert.

Wir liegen links auf dem Fairway und müssen jetzt überlegen, ob wir den nächsten Ball vor oder hinter die Welle spielen wollen? Wir nehmen ein längeres Eisen und hauen den Ball gekonnt hinter die Welle. Wir haben dementsprechend eine super Position für den 3. Schlag. 100 Meter bis zum Grünanfang. Ca. 115 bis zur Fahne. Jetzt nur nicht anfangen nachzudenken. Einfach hinstellen und draufhauen. Dieses Mal gelingt auch das. Der Ball liegt auf dem Grün. Zweit Putts maximal sind das Ziel. Geschafft, der Ball ist im Loch. 3 Punkte!

Man sind wir gut. Was für eine einfache Bahn. Hat irgendjemand behauptet, die Bahn sei schwierig? Ein Kinderspiel. Also theoretisch zumindest. Denn die berechtigte Frage ist ja: Wie sieht das in der Praxis, in der Realität aus? Wie oft schaffen wir es diese Bahn in Par zu spielen?

Ich weiß nicht, wie es Ihnen geht, aber bei mir kommt dann gern mal die Aussage: *Entweder Par oder Strich!*

Haben Sie auch solche Bahnen, von denen Sie das behaupten können? Denn auch wenn wir einen Spielplan haben, heißt das ja noch lange nicht, dass wir diesen auch erfolgreich umsetzen können. Und was noch erschwerend hinzu kommt, ist die Tatsache, dass viele Golfer Lieblingsbahnen haben. Ja genau, die haben nicht nur Lieblingsschläger, die haben auch Lieblingsbahnen. Das heißt aber auf den anderen Seite auch, dass es Bahnen gibt, die nicht so gern gespielt werden. Oder wo zumindest das Ergebnis oftmals nicht das ist was man gern hätte.

Kennen wir das nicht alle? Einen Abschlag, auf dem wir einfach nicht erfolgreich sind. Eine Bahn, die wie verhext, nicht erfolgreich gespielt wird. Irgendwie ist da immer der Wurm drin. Und dann gibt es auf einmal Tage, da gelingt es uns dann doch diese besagte Bahn zu besiegen. Woran liegt das? Glück? Zufall? Können? Egal, was auch immer der Grund dafür war, mitnehmen und weiter geht's. Ach so, und Freuen nicht vergessen. Erfolgserlebnisse auskosten und den Schwung mitnehmen. Im wahrsten Sinne des Wortes.

Aber auch hier mal ganz offen betrachtet. Gibt es das, dass uns eine Bahn besser liegt und die andere weniger? Sollte es nicht möglich sein, sich irgendwie mit dieser Bahn anzufreunden? Antwort: Ja, das gibt es mit Sicherheit, dass uns die eine Bahn mehr liegt als die andere. Das kann ja von ganz unterschiedlichen Faktoren abhängen. Die Länge der Bahn. Die im Umfeld befindlichen Beschaffenheiten. Die Form der Bahn, die unserer natürlichen Flugkurve entspricht, und vieles mehr.

Auch auf die zweite Frage möchte ich gern mit JA antworten. Ja, es sollte uns gelingen, dass wir uns irgendwie mit dieser Bahn anfreunden können. Wir müssen dafür nur bewusst versuchen die positiven Aspekte dieser Bahn in den Vordergrund zu stellen. Und nicht von vornherein auf den Abschlag zu gehen und das Gefühl zu haben: *Ach, da haben wir sie wieder, unsere „Lieblingsbahn". Mal gucken, wo wir den Ball heute hinhauen?*

Oder sich selbst schon am Abschlag zu bescheinigen, dass man gleich in den Bunker, in den Wald oder wohin auch immer schlägt. *An der Bahn habe ich die letzten Male immer in den Wald gehauen.*

Das ist ja fast so, als würde man schon wissen, dass man eh dahinschlägt. Wenn dem der Fall ist, warum streichen wir die Bahn nicht direkt von vornherein. Die diesen wenig motivierenden Gedanken macht das doch alles wenig Sinn, oder?

Negative Gedanken ziehen negative Ergebnisse nach sich. So einfach und simpel ist das. Aber so verdammt schwer, sich von diesen „eingefleischten" Gewohnheiten in der Praxis zu verabschieden. Denn was soll mit dieser Einstellung schon Positives dabei rumkommen? Das kann doch nur in die Hose gehen. Denn wir wissen ja:

Golfen findet zwischen den Ohren satt!

Bahn 10

Wir sind wieder obenauf. Ein Par an der Neun ist Motivation genug. Also kann es ja nur erfolgreich weiter gehen. Und da wir jetzt wieder mal ein Par 3 vor uns haben, sollte auch das zu meistern sein. Es ist zwar ein relativ langes Par 3, auch wieder ca. 170 Meter bis Mitte Grün, aber es wirkt irgendwie nicht ganz so furcht-einflößend wie das Par 3 zuvor. Wir merken wieder, alles reine Kopfsache. Denn ganz realistisch betrachtet ist es nicht viel anders als die Bahn 8. Einfach geradeaus, ein paar Bunker verteilt ums Grün und ansonsten eine Menge Platz.

Dementsprechend locker und entspannt treten wir auf den Abschlag und schwingen den Schläger. Aber das war wohl ein bisschen zu locker, denn der Ball verabschiedet sich von der Ideallinie und macht sich auf zum 11. Abschlag. *Foooore!!!* Der Flight, der dort gerade abschlägt duckt sich und zieht die Köpfe ein. Gott sei Dank, haben wir gerufen und nichts ist passiert.

Damit sind wir auch wieder bei der Etikette. Wie oft haben wir es schon erlebt, dass ein Ball in unsere Richtung flog und nichts war zu hören. Also außer das Zischen des Balles, der knapp an unseren Köpfen vorbeiflog. Kein *Fore* war zu hören. Haben die womöglich nur zu leise gerufen? Vielleicht. Oder haben die gar nicht gerufen? Kann auch sein. Möchten Sie solch einen Golfball abbekommen? Also ich nicht. Aber so ist das eben mit der Individualität der Golfer. Die spiegelt sich leider auch in solchen Situationen wider.

Ihnen ist es sicher auch schon aufgefallen. Die Par 3's sind irgendwie nicht unser Ding heute. Auch an dieser Bahn scheint sich dieser rote Faden weiterzuziehen. Aber wir lassen uns nicht demotivieren, wie bleiben weiter positiv. Der Schlag war Käse, aber die anderen Spieler stehen alle noch. Immer das Positive an der Situation sehen. Aber gern schlagen wir da nicht hin, das ist klar. Mal abgesehen davon, dass der zweite Schlag mal wieder eine Herausforderung wird, wer ruft schon gern *Fore* auf dem Platz? Am Anfang meiner Golfzeit war mir das sogar ein bisschen peinlich. So ein Blödsinn. Ist wahrscheinlich jedem schon einmal passiert. Aber anfangs war das so ein seltsames Gefühl, so nach dem Motto, jetzt habe ich aber echt Mist gebaut. Aber nochmal, es ist doch ganz normal, dass so etwas passiert. Wir sind nun mal keine Maschinen. Und besser einmal mehr rufen als einmal zu wenig.

Gut, dann wollen wir mal. Wir liegen kurz vor dem Abschlag der 11. Bahn. Das heißt, wir müssen jetzt entweder über die Bäume oder zwischen den Bäumen hindurch spielen. Schwer genug, eine Entscheidung zu treffen. Mal ganz abgesehen von der Ausführung.

Genau das ist eine der nächsten großen Herausforderungen beim Golfen. Entscheidungen treffen. Auf jeder Bahn, vor jedem Schlag, auf jedem Grün. Immer wieder müssen wir Entscheidungen treffen. Und leider haben wir keinen Caddy an unserer Seite, der uns mit guten Ratschlägen zur Seite steht. Also müssen wir ganz allein überlegen was wir machen.

In der aktuellen Situation, da wir zu nah an den Bäumen liegen, versuchen wir die flache Variante. Also, Augen zu und durch. Nein lieber nicht. Also Augen auf bei der Schlägerwahl. Was passiert? Der Ball fliegt etwas zu hoch, bleibt am Geäst hängen und liegt jetzt im First Cut.

Na prima, wir sind mal wieder in unserem Element auf diesem Par 3. Wir werden heute wohl keine Freunde mehr. Aber, noch ist nichts verloren. *Ein Chip ein Putt*, wird mir gerade von der anderen Bahn zugerufen. *Ja, du mich auch.* Das haben wir natürlich nicht gesagt. Nur gedacht. Es sei denn, wir befinden uns in einer lockeren Runde, wo die Frotzeleien einfach dazugehören. Aber der Mitspieler meint es ja nur gut. Er will uns ja nur motivieren. Leider ist das mit der Motivation von außen immer so eine Sache. Denn entscheidend ist hierbei nicht, was vom Sender gesendet wird, sondern was beim Empfänger ankommt.

Der Sender meint es wirklich nur gut, der Empfänger denkt sich nur, *geh mir nicht …* Sie wissen schon was ich meine. Also, wir würden so etwas nie aussprechen, wir können uns ja benehmen. Aber man denkt sich nun mal oftmals seinen Teil.

Wir dürfen auf jeden Fall endlich mal chippen. Mussten wir das bisher überhaupt auf der Runde? Ich glaube nicht.

Wir haben freie Bahn. Die Fahne steht einige Meter tief im Grün. Wir haben also Platz zum Anspielen. Die Lage des Balles ist ganz okay. Sollte demnach keine große Schwierigkeit darstellen. Als wir plötzlich im Augenwinkel sehen, dass der Flight hinter uns auch schon wieder mit den Hufen scharrt. Da steht schon wieder einer auf dem Abschlag. Warum haben wir uns nur umgedreht? Hätten wir doch einfach nur nach vorn geschaut und uns auf den nächsten Schlag konzentriert. Jetzt haben wir zu den üblichen Gedanken auch noch die Leute hinter uns im Unterbewusstsein.

Es nützt ja alles nichts, wir müssen weiterspielen. Also Pitching Wedge in die Hand, den Ball vom rechten Fuß spielen und hoffen, dass wir ihn sauber treffen. Aber das mit der Hoffnung ist ja immer so eine Sache. Wir holen aus, reißen den Kopf viel zu früh hoch und toppen den Ball. Mit viel zu viel Geschwindigkeit fliegt und rollt der Ball weit über die Fahne hinaus.

Na super, so viel zum Thema „ein Chip ein Putt". Das war wohl nichts. Langsam vergeht einem die Lust an den Par 3's. Einen Versuch haben wir noch, die Fünf zu retten. Wobei wenn wir realistisch bleiben, wie oft lochen wir einen Putt über ca. 15 Meter? Aber egal, niemals aufgeben. Schnell hin zum Ball, die hinter uns warten schließlich schon. Bin ich heute eigentlich derjenige der ständig den Verkehr aufhält? So viele Gedanken in meinem Kopf. Und so wird auch der Putt ausgeführt. Eher halbherzig auf den Ball gehauen, so ganz nach dem Motto „Hit and Hope", hat der Ball niemals eine Chance ins Loch zu gehen, geschweige denn in die Nähe des Lochs zu gelangen. Ball aufnehmen, Bahn streichen.

Und wieder haben wir leider kein Erfolgserlebnis auf einem Par 3. Die sind aber auch wie verhext diese Bahnen. Einen Versuch haben wir später noch. Ich freue mich jetzt schon auf die 16. Bahn. Okay, oftmals geht man mit gemischten Gefühlen auf das letzte Par 3, das Inselgrün. Aber ich sehe es mittlerweile als Herausforderung an. Ich kann das Par 3 ja von hier aus schon sehen. Aber noch ist Zeit, erstmal steht die nächste knifflige Situation auf dem Plan. Ein schwieriges Par 4.

Aber sind es nicht genau diese ganzen positiven und negativen Erlebnisse, die uns jedes Mal wieder aufs Neue motivieren, die Schläger in die Hand zu nehmen? Die erfolgreichen Schläge und die tollen Ergebnisse beflügeln uns genauso wie es auch die negativen Erlebnisse machen. Denn, das was gut geklappt hat, wollen wir auf jeden Fall bei der nächsten Runde wiederholen. Und das was nicht so gut geklappt hat, das wollen wir beim nächsten Mal auf jeden Fall besser machen.

Und somit hätten wir auch eine Antwort auf die Eingangsfrage:

Was motiviert uns jeden Tag aufs Neue?

Was bleibt also jetzt zu tun? Wieder den Kopf ausschalten, beziehungsweise die negativen Gedanken beiseite-schieben und volle Konzentration auf den nächsten Abschlag, denn eines ist uns mittlerweile sowas von klar:

Golfen findet zwischen den Ohren statt!

Bahn 11

Und was soll ich Ihnen sagen? Auf dieser nächsten Bahn kann so ziemlich alles passieren. Ja, Sie haben Recht, das kann auf jeder Bahn so sein. Jedoch ist diese 11. Bahn prädestiniert für die verschiedensten Situationen.

Das Ganze fängt doch schon auf dem Abschlag an. Drüber spielen oder vorlegen? Offensiv oder defensiv? Was ich mache ist mir klar, aber was machen Sie? Auch drüber spielen? Lieber vorlegen und auf Nummer Sicher gehen?

Was haben wir nicht schon alles auf diesem Abschlag erlebt. Der Driver wird gezückt und wenn alles gut läuft, liegt der Ball auf dem sehr schmalen Fairwaystreifen und lässt sich mit dem zweiten Schlag prima aufs Grün transportieren.

Wenn es weniger gut läuft, landet der Ball frontal im Wasser, links im Wasser, links im Wäldchen, rechts im Wald oder sogar rechts auf einem kleinen Übungsgrün. Viele Optionen, die alle damit verbunden sind, dass uns ein Strafschlag droht.

Wobei es auch das ein oder andere Mal zu beobachten ist, dass die Schläge die dazu dienen sollten, den Ball vorzulegen, auch nicht gerade wirklich von Erfolg gekrönt sind. Da passiert schon mal der Hacker, der es mit letzter Mühe über den Damenabschlag schafft. Da entsteht schon mal ein gehookter Schlag, der keine Probleme hat, das seitlich Wasserhindernis zu erreichen. Und auch der gut oder sagen wir besser zu gut getroffene Eisenschlag kann es schon mal in das frontale Wasser schaffen.

Bei den TV-Übertragungen wird solch ein Loch immer gern als „Risk and Reward" Loch bezeichnet. Und das ist es auf jeden Fall auch. Riskiert man etwas und wird hoffentlich belohnt, dann kann man schon mal mit einem sicheren Par oder vielleicht sogar einem Birdie von dieser Bahn gehen. Wird das Risiko nicht belohnt, kann dabei auch sehr schnell eine Sieben oder gar ein Streicher bei rumkommen.

Diese Bahn 11 passt wunderbar zu der Frage des Anfangs:

Was treibt uns an, diesen kleinen weißen Ball durch die Gegend zu befördern?

Auch wenn die Frage eingangs eher allgemein gestellt wurde, findet sie sich hier auf diesem Abschlag doch nur zu gut wieder. Was treibt uns an? Auch hierbei gibt es die unterschiedlichsten Antworten. Je nachdem wen man fragt, bekommt man die verschiedensten Antworten:

Der Eine hat das Ziel Bogeygolf zu spielen. Wenn dabei mal ein Par herumkommt, umso besser.

Der Andere hat das Ziel Pars zu spielen. Sollte dabei mal ein Birdie herausspringen ist das prima.

Und der Nächste wiederum hat das reine Ziel Birdies zu spielen.

Welcher Typ sind Sie? Je nach Bahn? Es gibt kein einheitliches Ziel? Wahrscheinlich ist auch diese Antwort wieder abhängig von den verschiedenen Typen, von dem Alter und dem Anspruch den wir haben.

Allerdings ist dieser Abschlag einer der wenigen Abschläge auf dem die Gegebenheiten anderer Bahnen Einfluss auf unser Spiel nehmen können.

Wir befinden uns hier nämlich zwischen drei Bahnen. Parallel zu der 11. Bahn, beziehungsweise zu dem 11. Abschlag verläuft ja wie bereits erlebt, die 10. Bahn. Von dessen Abschlag kann schon mal der ein oder andere Ball in Richtung des 11. Abschlag fliegen. Also, wenn hier auf einmal jemand *Fooore* ruft, dann heißt es, in Deckung gehen.

Wie ebenfalls schon erwähnt, können wir von unserem Abschlag das Grün der 16. Bahn, also das Inselgrün einsehen. Nicht umsonst schauen die Spieler von dort schon manchmal argwöhnisch um die Ecke. Denn es passiert ab und zu, dass ein Abschlag von der 11 über das Grün der 16 zischt. Und das möchte keiner so gern erleben. Ich wurde zwar bisher noch nie von einem Golfball getroffen, möchte aber auch in der Zukunft nicht wirklich Bekanntschaft damit machen. Das kann schon verdammt schmerzhaft werden.

Wenn man schon mal einen Ball mit dem Spann wegge-schossen hat, dann weiß man, das tut ganz schön weh.

Zu guter Letzt verläuft noch die 17. Bahn schräg hinter uns, so dass auch das dortige Spielgeschehen Aus-wirkungen auf unser eigenes Spiel haben kann.

Wenn wir das alles ausblenden können, dann sind wir bereit. Bereit für eine der schwierigsten Bahnen auf diesem Platz. Denn wenn wir über das Wasser gespielt haben, dann geht es linksherum runter ins Tal, beziehungsweise zum Grün. Und dieses Grün wird natürlich von einem Bunker und einem Baum bewacht und zusätzlich noch durch einige Hügel beschützt. Ach so, mal ganz abgesehen von der Tatsache, dass das Grün nicht wirklich groß ist und auch kaum eine gerade Fläche bietet. Also rundherum eine spannende Bahn.

Wie haben wir diese 11. Bahn denn jetzt letztendlich gespielt? Wir haben alles gegeben, den Abschlag wunderbar über das Wasser geschlagen und eine perfekte Ausgangssituation für den 2. Schlag gehabt. Wir haben dementsprechend mit einem lockeren, aber konzentrierten Schwung den Ball aufs Grün gezaubert und haben es tatsächlich geschafft mit zwei Putts von eben diesem zu gehen. Ausgezeichnet gespielt diese schwierige Bahn.

Kaum zu glauben nach diesem Rumgeeiere auf der Bahn zuvor. Licht und Schatten, Erfolg und Misserfolg liegen beim Golfen so dicht beieinander. Wir spielen eine Bahn super und verhauen die nächste. Wir machen auf einer Bahn nahezu alles falsch und spielen die nächste Bahn in Par. Wie kann so etwas sein? Warum ist das so?

Wenn wir dafür eine einheitliche Erklärung hätten oder sogar ein Rezept welches wir anwenden könnten, dann wäre das perfekt. Aber perfekt ist ein so hochtrabendes Wort, das wird auch bei den besten Golfern nicht so häufig in den Mund genommen.

Und deshalb noch einmal zurück zu der Frage, *was uns antreibt*. Ich denke, bei vielen ist es tatsächlich der Erfolg. Das Ziel, diese Bahn zu bezwingen, mit welchem Ergebnis auch immer das der Fall für jeden einzelnen sein kann. Der Gedanke, dass wir es dieser Bahn so richtig gezeigt haben, dass wir vielleicht sogar für ein tolles Par vier Nettopunkte bekommen oder dass wir diese Bahn von vorn bis hinten einfach top gespielt haben, das ist unser Antrieb.

Sich freizumachen von allen anderen äußeren Umständen, einfach voll und ganz diese Bahn auseinanderzunehmen, das ist unser Antrieb. Denn wir wissen ja:

Golfen findet zwischen den Ohren statt!

Bahn 12

Unser Erfolg beflügelt uns im wahrsten Sinne des Wortes. Wir schweben förmlich hinauf zum 12. Abschlag. Ja, es geht tatsächlich einmal hinauf auf diesem sonst eher ebenerdigen Platz. Gefühlte hundert Höhenmeter, es sind wahrscheinlich gerade mal ca. 10 Meter, kommen wir an und atmen erst mal durch. Egal, ob wir vorher erfolgreich waren oder nicht, wir sind schließlich schon gut zwei Stunden unterwegs und haben so einige Meter und Schläge in den Knochen. Also erst einmal kurz inne halten, Luft holen und sich neu sammeln.

Wir hätten jetzt übrigens, an dieser höchsten Stelle des Platzes, wunderbar die Möglichkeit, die Natur zu genießen. Von hier oben haben wir einen tollen Blick auf die 12. Bahn und auf die Bahn 15 zu unserer Linken. Wir könnten die Farben der Natur, sprich der Bäume, Sträucher und des Himmels genießen. Aber nein wir sind im Tunnel. Der Adrenalinausstoß in Verbindung mit dem leichten Anstieg bringt unsere Pumpe zum Arbeiten. Und das ist auch gut so, wir wollen die Welle reiten, solange sie da ist. Also ab auf den Abschlag.

Ganz realistisch betrachtet, ist dieser Abschlag einer der einfacheren auf dem Platz. Wieso? Weil wir erhöht stehen, das ganze breite Fairway zu Füßen haben und relativ wenig „feindliches Gebiet" in direkter Reichweite auf uns wartet. Sagen wir es mal so, es gibt zumindest keine Ausgrenze und es kommt auch vom Abschlag kein Wasser ins Spiel. Auf den ersten Blick also alles sehr positiv.

Und so verleitet dieser Blick dazu, den Driver zu zücken und genüsslich auf die kleine weiße Kugel zu prügeln. Wenn man jedoch einen ordentlich langen Abschlag hinbekommt, dann sieht die Welt plötzlich wieder ganz anders aus. Dann gibt es nämlich doch links einen Wald, rechts eine ganze Reihe von Bäumen, Sträuchern und Büschen, in denen keiner liegen will. Und zusätzlich befinden sich noch zwei langgezogene Bunker in der Drivelandezone, die plötzlich auch ins Spiel kommen können. Na prima. Was auf den ersten Blick als sehr entspannte Bahn wirkt, entpuppt sich bei genauerem Hinsehen als weitere spezielle Herausforderung.

Aber dafür sind wir doch schließlich auch hier. Wir wollen Herausforderungen. Wir wollen uns dem Kampf stellen. Wie oft habe ich von unserem Pro schon zugerufen bekommen: *Hey, heute sind top Bedingungen. Heute nimmst Du den Platz auseinander!*

Und was ist passiert? Der Platz hat mich auseinander genommen. Na, so viel zum Thema Motivation.

Damit sind wir aber auch schon wieder bei dem wichtigen Thema der Selbstmotivation. Denn ohne die bräuchten wir gar nicht erst auf den Platz zu gehen. Na klar, wenn uns tolle Schläge gelingen, wenn wir eine Bahn gut gespielt haben, dann motiviert uns das automatisch. Aber was ist mit den anderen Situationen? Mit all den nicht so schönen Erlebnissen, die wir bis hier hin schon erlebt haben und von denen es ja noch hunderte mehr auf einer Golfrunde geben kann. Wie bekommen wir das immer wieder aufs Neue hin, uns aus diesem Loch herauszuziehen?

Wir können nur so vorgehen, dass wir nicht unser Unterbewusstsein über uns und unser Handeln bestimmen lassen, sondern dass wir ganz gezielt unser Bewusstsein einschalten und uns selbst motivieren. Wie auch immer das für jeden Einzelnen gelingen mag, das muss jeder für sich selbst herausfinden oder erarbeiten. Denn bei diesem Thema kommt nichts von allein. Man muss auch mental an sich arbeiten, um erfolgreich Golf zu spielen. Das musste ich am eigenen Leib selbst erfahren. Diejenigen die mich schon länger kennen, die wissen was ich meine.

Da wurde schon mal häufiger geflucht und gemosert. Das war für meine Mitspieler nicht wirklich schön. Da flogen auch schon mal die Schläger durch die Gegend. Was sich natürlich nicht gehört und auch nicht der Etikette entspricht und in dieser Form auch nichts auf dem Golfplatz verloren hat.

Es soll ja Golfer geben, die vor lauter Wut gehen ihre teure Karre getreten haben und den Rest des Weges ihr Bag tragen mussten, weil eine Achse gebrochen war.

Man hört auch immer mal wieder von Golfern, die sich selbst vor lauter Rage eine verpassen. Ja, die hauen sich selbst. Nicht mal so ein kleiner Klaps auf den Oberschenkel, nein volles Programm ins eigene Gesicht.

Verrückte Golfwelt, oder? Die anderen stehen daneben und wundern sich nur. Na klar, alles hat zwei Seiten. Jeder Mensch tickt anders. Aber wenn wir es nicht schaffen unsere Emotionen in gewisse Bahnen zu lenken, dann kann das für alle Beteiligten eine sehr zermürbende Angelegenheit werden. Und wie soll dabei ein erfolgreiches und spaßbringendes Golfspiel herauskommen? Das kann doch gar nicht funktionieren.

Leider gibt es Menschen, also Golfer, die steigern sich aber richtig rein. Die eine negative Situation ruft eine weitere dieser Art auf den Plan. Wenn das Eine nicht klappt, dann funktioniert das Andere auch nicht. Und manche Golfer haben damit ein großes Problem vor der Nase. Und zwar sich selbst. Die schimpfen so dermaßen mit sich, beleidigen sich in übelster Art und Weise selbst, dass man sich nicht wundern muss, dass unterm Strich nichts Gutes bei der ganzen Nummer herauskommt.

Na klar, sich kurz ärgern gehört auch für mich dazu. Emotionen müssen raus. Aber im selben Atemzug oder Gedankengang muss der Fokus wieder auf den nächsten Schlag gerichtet werden. Sich auf das besinnen, was schon hunderte Male hervorragend funktioniert hat. Nur so können wir es schaffen, gar nicht erst in diese Negativspirale hineinzugelangen.

Aber das ist auch oftmals leichter gesagt als getan. In der Theorie ist das ganz einfach. In der Praxis oftmals umso schwieriger.

Was heute allerdings ganz gut funktioniert, ist der Driver. Denn unser Abschlag findet mal wieder das Fairway. Und zwar so gut, dass wir auf dem Weg dorthin schon überlegen, ob und wie wir von dort das Grün angreifen können oder werden.

Wir haben noch ca. 130 Meter zur Fahne. Das Grün ist zwar breit, aber dafür nicht sehr tief. Und natürlich kommt auch hier wieder Wasser ins Spiel. Und das nicht gerade wenig. Parallel zum Fairway fängt es schon an. Es zieht sich weit nach vorn bis zum Grün. Ein schöner Teich. Also optisch alles prima. Nur dort hineinspielen will keiner. Und wäre das noch nicht schwer genug, als Verteidigung, befindet sich auch hinter dem Grün ein weiteres Wasserhindernis. Ach so, und nicht zu vergessen, am Rande des Grüns, das heißt, wenn man seinen Annäherungsschlag nach rechts hinten verzieht, dann liegt man am Strand. Also auch hier endlich mal wieder ein Bunker.

Wie war noch unser Gefühl am Abschlag? Ein relativ einfacherer Abschlag? Mag sein, denn das ist ja schon mal die Basis für eine erfolgreiche Bahn. Jedoch geht ohne den Schlag aufs Grün auch nichts. Und wenn dann die besagten Hindernisse ins Spiel kommen, dann sind wir ganz schnell wieder auf dem Boden der Tatsachen angekommen.

Also, was tun? Augen zu und durch? Oder nochmal einen Transportschlag einbauen und versuchen, den dritten Schlag an die Fahne zu spielen? Wenn wir über ein souveränes kurzes Spiel verfügen, dann wäre das sicher eine Option. Wenn wir uns auf unser langes Spiel verlassen können, dann stellt sich die Frage nicht.

Wir sehen hierbei auch wieder, wie vielseitig das Golfen sein kann. Vielseitig auch in Bezug darauf, ob man sich und sein Spiel weiterentwickeln will oder ob man mit dem zufrieden ist, was man hat.

Die ersten zehn Jahre habe ich natürlich damit verbracht, Golfen erstmal grundsätzlich zu lernen. Wie oft habe ich gedacht, *oh jetzt kann ich es!* Wie oft habe ich ein paar Tage oder Minuten später gedacht, *oh Mann als hätte ich noch nie einen Schläger in der Hand gehabt!*

Kennen Sie das? Geht Ihnen auch heute noch so? Mir auch. Da spielt man den einen Tag eine ganz gute Runde und denkt, das mache ich morgen wieder. Und dann wird man so schnell von der Realität überrollt, dass man gar nicht mehr weiß wie einem geschieht. Und wenn dadurch das Selbstvertrauen wieder gleich Null ist, dann nimmt man auch nicht den langen Schläger ins Grün, sondern den kurzen Schläger für einen „Schubser". Kennen Sie nicht, den Schubser? Das sind diese angesprochenen Schläge, wenn man eigentlich das Grün problemlos angreifen könnte, einem aber das Unterbewusstsein sagt, *leg den Ball noch mal vor.*

Man macht das dann auch, hat danach noch ca. 60 Meter zum Grün und jagt den 3. Schlag dann genüsslich ins Wasser. Na super, dann hätten wir ja auch direkt angreifen können. Die wichtige Frage ist hierbei, was uns langfristig gesehen weiterbringt? Denn das ist glaube ich, eine der entschiedensten Fragen im Golf. Wie und in welcher Form möchte und kann ich mich weiterentwickeln?

Natürlich gehört der „kleine" und schnelle Erfolg dazu. Aber was bringt uns langfristig weiter?

Mag sein, dass der „Schubser" das ein oder andere Mal zum Erfolg führt. Aber wenn wir das zur Normalität werden lassen, dann wird von spieltechnischer Weiterentwicklung nicht wirklich was zu sehen sein.

Ich möchte an dieser Stelle keinem Golfer zu nahe treten, aber diese Art des Golfens können wir doch mit Mitte 60 immer noch spielen. Bis dahin, solange man die körperlichen Voraussetzungen hat, sollte man doch alles probieren, was einen in seiner Entwicklung weiterbringt, oder?

Lassen Sie uns den Blick wieder auf die 12. Bahn richten. Wir werden jetzt versuchen den 2. Schlag aufs Grün zu befördern. Lieber hauen wir den 2. Schlag weg, als den Dritten. Aber so weit wollen wir gar nicht denken. Das wäre die falsche Herangehensweise. Wir sind ja schließlich positiv eingestellte Menschen. Der Abschlag war „Bombe", der nächste Schlag wird es bestimmt auch.

Das ist auch so ein Phänomen des Golfens. Es werden für bestimmte Schläge oder Situationen völlig neue Begriffe kreiert. Wie bereits erwähnt:

„Schubsen" als Synonym für einen kurzen Transportschlag.

„Bombe", *„toller Schuss"* oder *„Brett"* für einen ausgezeichneten und sehr weiten Schlag.

Kennen Sie nicht? Ich weiß auch nicht wo diese Begriffe herkommen, aber irgendwie sind die immer wieder präsent. Wobei wir auch hier sehr stark innerhalb der Altersgruppen unterscheiden müssen. Ich denke nicht, dass ein Ende 60 oder Anfang 70jähriger diese Begriffe so in den Mund nehmen würde.

Ich habe es so zumindest noch nicht erlebt. Da hört man dann eher die klassischen Begriffe wie zum Beispiel: *„Schöner Schlag"* oder *„guter Schwung"*. Oder haben Sie schon mal ein älteres Kaliber sagen hören. *„Toller Schuss"*?

Auf dem Grün wird dann auch gern mal englisch gesprochen: *„Nice Putt"*.

Wenn der Ball sehr niedrig über der Grasnarbe entlangfliegt, wird dieser auch mal als *„Karnickeljäger"* bezeichnet.

Oder wenn der Abschlag eine viel zu frühe Kurve einschlägt, wird dem Ball hinterhergerufen: *Was ist das denn für eine „Gurke"?*

Der Golfer, der den halben Rasen umpflügt, wird schnell mal als *„Hacker"* bezeichnet.

Schon echt kurios, was auf dem Golfplatz so alles los ist. Ach so, es wird natürlich auch weiter Golf gespielt. Und zwar richtig gut.

Denn nach dem ausgezeichneten Abschlag gelingt auch der zweite Schlag sehr gut. Er landet im Vorgrün, springt dann aufs Grün und rollt noch ein paar Meter. Hat zwar nichts mit der Fahne zu tun, aber Hauptsache auf dem Grün. Die Fahne steht übrigens rechts hinten. Wir hoffen auf zwei Putts zum Par, nehmen aber auch an dieser Stelle einen Dreiputt zum Bogey. Aber Sie haben vollkommen Recht, wenn Sie sagen: *Wenn man schon mit dem Zweiten auf dem Grün liegt, dann muss es das Ziel sein, ein Birdie oder im schlechtesten Fall ein Par zu spielen.* Und was soll ich Ihnen sagen? Wir laufen zur Hochform auf. Nein, es wurde kein Birdie, aber immerhin ein souveränes Par. Klasse, drei Punkte! Was für eine leichte Bahn!

Ja ja, ich weiß. Hochmut kommt vor dem Fall. Aber lassen Sie mir doch den kurzen Moment des Ruhms. Dieses Gefühl, dass man alles schaffen kann. Diese Emotionen, die einem suggerieren, man kann es. Wer braucht schon Trainerstunden oder Tipps anderer Golfer? So ein Quatsch, es geht doch auch so. Alles eine Frage der richtigen inneren Einstellung.

Golfen findet zwischen den Ohren statt!

Bahn 13

Zwischen den Ohren findet leider noch etwas anderes statt. Was ich meine? Das Gequatsche unserer Mitspieler. Wir können Glück haben und einen super Flight mit äußerst angenehmen Mitspielern erwischen. Wir können aber auch Pech haben und diese bereits erwähnten „Schwadlappen" erwischen.

Kennen Sie diesen Begriff? Er kommt aus dem Kölschen und meint jemanden der gern und viel redet. Und leider häufig auch sehr viel Stuss, also Unsinn. Das kann zuweilen auch mal ganz erheiternd sein, wird aber bei entsprechend monotoner Anwendung echt anstrengend. Vor allem wenn es dann noch in solche Rubriken wie „Altherrenwitze" oder dergleichen geht. Oder wenn einem dann noch irgendwelche Videos vorgeführt werden, die eigentlich keiner sehen will. Also zumindest nicht der Normalo.

Ganz schlimm wird es aber auch wenn man diese ICH-Erzähler dabei hat. Wir hatten sie vorhin schon erwähnt. Die reden vier Stunden lang nur von sich. Was sie alles trainiert haben, was sie umgestellt haben, welches Material sie jetzt benutzen, was sie wo und wie gespielt haben. Und so weiter, und so weiter. Die haben wir doch alle schon mal erlebt, oder? Die Fragen zu Beginn der Runde zwar mal kurz: *Na wie geht's?* Das fragen die aber nur, um uns sofort zu sagen wie es ihnen selbst geht und warum ihr Golfspiel gerade so ist wie es ist.

Manchmal frage ich mich, warum diese Menschen das so in dieser Form machen?

Wollen die damit die Basis legen, falls ihr Spiel an diesem Tag nicht so gut läuft, dass sie dann darauf zurückkommen können. So ganz nach dem Motto: *„Ich wusste es. Die Schwungumstellung dauert noch ein bisschen"*.

Oder diejenigen die uns direkt am 1. Abschlag erzählen, dass sie vor zwei Tagen 41 Nettopunkte gespielt haben. Aber dann auf der Runde keinen vernünftigen Ball spielen. Ja klar, mag sein, dass Du 41 Netto hattest, aber was interessiert es mich? Und viel wichtiger, was nützt es Dir heute? Wenn Du dadurch gut drauf und motiviert bist, prima. Dann zeig uns Dein Können. Wenn Du nur toll dastehen willst, behalte es doch einfach für Dich. Das beeindruckt doch keinen. *„Nichts ist älter als die Nachricht von gestern"* hat mal ein Redakteur einer großen deutschen Tageszeitung gesagt. Und genauso verhält es sich beim Golfen doch auch.

Schön ist, dass der Golfplatz so weitläufig ist und man die Chance hat, sich in solchen Fällen ein wenig aus dem Weg zu gehen. Manchmal lässt es sich zwar nicht vermeiden, dass man auch solchen Menschen zuhören muss, aber man muss ihnen ja nicht noch zusätzliches Futter geben.

Wobei die Weitläufigkeit leider auch die „Betupper" auf den Plan ruft. Kennen Sie nicht diesen Ausdruck? Ich habe den früher bei meiner Großmutter sehr häufig gehört, wenn wir Gesellschaftsspiele gespielt haben. Dann sagte sie immer so was wie: *Pass auf, dass er uns nicht betuppt.*

Leider gibt es diese Typen beim Golfen auch. Da wird dann plötzlich ein Ball an einer Stelle gefunden, die alle anderen überhaupt nicht als Landezone lokalisiert hatten.

Da wird auch mal auf dem Grün der Marker oder sogar der Ball anders positioniert, nur um sich einen kleinen Vorteil zu verschaffen.

Im Extremfall wird leider auch mal die Scorekarte im Nachhinein so bearbeitet, dass das Ergebnis plötzlich viel besser ist als es in Wirklichkeit war.

Möchten Sie gern mit solchen Menschen zusammen-spielen? Also ich nicht. Dafür ist mir meine Zeit zu schade. Denn wenn ich so etwas mitbekomme, dann rege ich mich auf. Und zwar richtig. Was soll das? Ist es so wichtig, welches Handicap man besitzt? Ist das das neue Statussymbol des Golfers? Gehört man nur dann zum erlauchten Kreis, wenn man ein entsprechendes Handicap hat? Also wenn das so wäre, will ich mit diesem Kreis doch erst gar nichts zu tun haben.

Leider gehört wohl auch dieser Spielertyp zu den Individuen, um die man leider nicht herumkommt.

Übrigens ist die 13. Bahn schnell erzählt. Wir haben die Ehre am Abschlag. Ja auch wenn es Readygolf gibt, haben unsere Mitspieler uns die Ehre des ersten Abschlages überlassen. Also, den guten Lauf direkt mal mitnehmen. Ein Par 4 wartet auf uns. Relativ freie Bahn. Das Fairway macht eine leichte Linksbiegung, sollte alles kein Problem sein. Driver in die Hand, Ball aufs Tee und ab dafür.

Und aus irgendeinem nicht zu erklärenden Grund hauen wir den Ball links ins Wasser. Ja, Sie lesen richtig. Nach diesen letzten beiden tollen Abschlägen schwingen wir auf einmal ganz seltsam. Arme zu eng am Körper, Schlägerkopf leicht geschlossen oder was auch immer. Auf jeden Fall ist der Ball im Wasser.

Das heißt, wir lassen die anderen abschlagen und müssen einen neuen Ball ins Spiel bringen. Wir spielen direkt noch einen Ball vom Abschlag hinterher, denn vor dem Wasser droppen wäre die vermeintlich schlechtere Wahl.

Ärgerlich, aber passiert. Den Fehler sollten wir aber jetzt nicht wieder machen. Wir kennen ja alle den Spruch „Den Zweiten kann ja jeder".

Und deshalb, wird schon schief gehen. Und es geht schief. Auch der zweite Ball landet auf dem gleichen Wege im Wasser. Wahnsinn, zweimal hintereinander der identische Fehlschlag. Von wegen, den Zweiten kann ja jeder. Heute wohl nicht. Somit müssen wir die Bahn streichen. Na super, und dass obwohl wir doch gerade wieder einen so guten Lauf hatten. Aber das ist Golf. Nichts ist so wie es eben war und es kommt alles anders als man denkt. Und wieder mal hilft uns nur eines.

Die richtige innere Einstellung zu der Situation zu haben. Bitte nicht falsch verstehen. Ich ärgere mich. Natürlich. Warum klappt der Abschlag vorher prima und jetzt ganz plötzlich stimmt überhaupt nichts mehr. Es ist nicht zu verstehen. Und immer wieder diese 13. Bahn. Wie oft habe ich hier schon Mist gespielt. Nicht unbedingt ins Wasser gehauen. Aber häufig genug den Abschlag nach rechts in den Wald gefeuert. Schön einen heftigen Slice hingelegt. Gern auch mal nach links in die Sträucher hinterm Wasser. Dort den Ball überhaupt wiederzufinden ist schon ein reines Glücksspiel.

Oder nach einem ganz guten Abschlag den Ball links oder rechts ins Rough befördert. Teilweise die Bälle nie wieder gefunden oder wenn gefunden, dann kaum spielbar zu meinen Füßen gehabt. Wir alle wissen, wie schnell auf so einem Par 4 ein Streicher zustande kommt.

Wieso gibt es eigentlich diese 13. Bahn? Ist Dreizehn nicht eine Unglückszahl? Im Flugzeug gibt es doch auch keine Reihe 13. Ich finde, das sollte man beim Golfen übernehmen. Sie merken, ich ärgere mich immer noch. Ist doch nur allzu verständlich.

Auch wenn ich nach außen einigermaßen ruhig wirke und versuche das Geschehen mit einem leicht süffisanten Lächeln abzutun. Innerlich brodelt es gerade in mir. Aber auch ich lerne dazu und besinne mich wieder auf unsere Grundeinstellung:

Golfen findet zwischen den Ohren statt!

Bahn 14

Dieser „Spruch", an dem sehr viel Wahres dran ist, begleitet uns ja jetzt schon seit Beginn dieses Buches. Wir müssen auf der anderen Seite auch mal über den Rest des Körpers sprechen. Ja, mag sein, dass Golfen zu einem sehr großen Teil Kopfsache ist. Nur ohne die Grundkenntnisse hinsichtlich der technischen, beziehungsweise körperlichen Umsetzung funktioniert ja beim Golfen auch nicht viel.

Wie schon erwähnt, sehen wir auf dem Platz die verschiedensten Arten von Schwüngen. Gut, manche darf man eigentlich nicht als solche bezeichnen. Aber jeder so wie er kann. Nur frage ich mich auf der anderen Seite, wie kann einem das Golfen Freude machen, wenn man zum Beispiel für ein Par 4 regelmäßig 7 Schläge oder mehr braucht? Wieviel Spaß hat man, wenn es sich nach einer halben Ewigkeit anfühlt, bis man auf einem Par 5 endlich mal das Grün erreicht hat?

Geht es bei diesen Golfern gar nicht mehr um das Ergebnis? Ist das eher zweitrangig? Geht es dabei mehr um die Bewegung an der frischen Luft oder den entspannten Austausch mit anderen?

Da fällt mir gerade eine Situation ein, die wir vor einigen Wochen ab der 14. Bahn erlebt hatten. Wir waren als 3er-Flight von der Eins gestartet. Bis zur 14 verlief alles reibungslos. Und dann hatten wir einen 4er-Flight vor uns. Und ja, 4er vor 3er vor 2er vor 1er. So ist doch die Regel. Niemand ist verpflichtet, den Flight hinter sich durchspielen zu lassen. Vor allem nicht, wenn davor andere Flights sind, es also gar keinen Sinn machen würde.

Wir waren zuerst auch noch recht entspannt. Man muss dazu sagen, dass dieser 4er-Flight eineinhalb Stunden vor uns gestartet war. Wir warteten also geduldig am Abschlag der 14. Bahn. Schnauften ein wenig durch und speziell ich versuchte mich auf meinen Schwung zu konzentrieren, denn wir stehen mal wieder an einem Par 5, wo der Abschlag mit dem Driver sitzen muss.

Nach ein paar Minuten konnten wir dann auch loslegen. Dieses Mal ließ ich meinen Mitspielern den Vorzug. Wie gesagt, mir gingen noch so einige Gedanken hinsichtlich der zwei Wasserbälle und meines nicht funktionierenden Abschlages durch den Kopf.

Als ich dann schließlich an der Reihe war, habe ich schon während des Schwungs gemerkt, das wird jetzt nichts. Aber dann ist es meistens zu spät. Das Resultat des zu viel Nachdenkens war dann ein von der Länge her guter Schlag, nur leider stimmte die Richtung wieder nicht, so dass der Ball in Richtung Bäume, Sträucher und Rough auf der linken Seite flog. Also alles Dinge, die ein Golfer nicht haben will. Aber, wir sind es ja meistens selbst schuld. Uns zwingt ja keiner in diese Gegenden zu schlagen. Aber na klar, absichtlich machen wir das auch nicht.

Falls Sie jetzt denken, das hatte etwas mit dem Flight vor uns und der Wartezeit zu tun, nein, das hatte es nicht. Noch nicht. Bis dahin war noch alles in Ordnung. Und ja, es muss und soll ja auch nicht jeder Flight förmlich über den Platz fliegen. Vor allem nicht ältere Personen. Denen steht man schon eine gewisse Gemütlichkeit zu. Aber erst mal wieder zurück zu unserem Abschlag. Wieder mussten sich drei Personen auf die Suche nach einem Ball begeben.

Und es wurden wieder Bälle gefunden, aber zunächst nur fremde Bälle. Also, wir sehen, es geht anderen Spielern genauso, sonst würden hier nicht so viele Bälle auftauchen.

Haben Sie auch das Gefühl, dass es auf dem Platz so prädestinierte Bereiche gibt, an denen man fast immer Bälle finden kann? Als wenn diese Orte die kleinen weißen Kugeln magisch anziehen würden, oder?

Wir haben uns mit dem Suchen etwas mehr Zeit gelassen, weil wir ja den 4er-Flight vor uns haben und seltsamerweise von dem Flight hinter uns schon länger nichts mehr zu sehen war. Da muss wohl auch mal jemand nach seinen Bällen suchen. Geschieht Euch recht Ihr Drängler.

Glücklicherweise hat ein Mitspieler meinen Ball doch noch gefunden. Er musste zwar drauftreten, um ihn überhaupt zu finden, aber egal. Glück braucht der Mensch. Der Ball wurde identifiziert und konnte somit weitergespielt werden.

Wobei wir eher sagen müssen, weitergehackt werden. Denn wer unser Rough kennt, der weiß nur zu gut, dass man daraus meistens nicht „spielen" kann, sondern einfach auf gut Glück den kürzesten Weg wählen muss, um dort irgendwie herauszukommen. Wir hatten die Situation ja schon auf der Vier. Gesagt getan. Kurzer Hacker aufs Fairway. Jetzt haben wir allerdings kaum eine Chance den Zweiten übers Wasser zu hauen. Ja genau, endlich mal wieder ein Wasserhindernis auf der Bahn. Gibt es hier eigentlich auch mal eine Bahn ohne Wasser, welches ins Spiel kommt? Wie bereits erwähnt, der Platz hat es echt in sich. So schön er ist, so schwer ist er wiederum auch.

Der Flight vor uns hat es in der Zwischenzeit tatsächlich schon geschafft, hinter dem Wasser zu sein. Also nochmal einen Schlag als Transportschlag. Keinen „Schubser", schon einen vollen Golfschwung auf ca. 150 Meter ablegen. Und dann heißt es erst einmal warten. Das kann dauern, denn die Damen und Herren vor uns gehen gerade erst aufs Grün. Also, Ruhe bewahren und ein bisschen Smalltalk halten.

Nach einer gefühlten Ewigkeit ist das Grün endlich frei. Somit Feuer frei, wir haben nichts mehr zu verlieren. Wir liegen bereits Drei, es folgt Schlag Vier. Wobei Sie jetzt zurecht sagen könnten: *Stopp mal. Das ist ein schwieriges Par 5. Dort haben wir sogar Zwei Vor. Also warum nicht nochmal einen kurzen Schlag auf ca. 80 Meter ablegen und dann versuchen die Fahne zu attackieren?*

Das heißt, den Fünften vorlegen, den Sechsten an die Fahne und den Siebten ins Loch. Ergibt zwei Nettopunkte. Könnte man machen, ist aber nicht mein Spiel. Wir liegen wie gesagt bei gut 150 Metern zum Grün, also bis zur Fahne ca. 160 Meter. Also Holz 7 und drauf auf die Kugel. Treffen wir das Grün und brauchen zwei Putts, gehen wir mit einer Sechs vom Grün und nehmen drei Punkte mit.

Zwei Varianten, zwei Möglichkeiten. Defensiv und offensiv. Langweilig und herausfordernd. Mein Mitspieler liegt an fast der gleichen Position, allerdings mit dem 2. Schlag. Er legt noch einmal vor. Andere Situation, auch wenn er ebenfalls Zwei Vor hat.

Egal, auf mein Holz 7 kann ich mich verlassen. Ist schließlich mein Lieblingsholz. Leider landet der Ball nicht auf dem Grün. Es war knapp.

Die Länge hätte gepasst, nur die Richtung stimmte nicht. Wir haben den Ball sauber auf „dem Blatt" erwischt. Er liegt Pin High im Bunker. Na gut, dann mal ab an den Beach, da waren wir lange nicht mehr.

Was mein Mitspieler veranstaltet hat, wollen Sie gern wissen? Er hat, dank seines wirklich guten kurzen Spiels, den Vierten sehr nah an die Fahne gespielt und letztendlich zwei Putts zum Bogey und drei Punkten gespielt. Also, aus seiner Sicht alles richtig gemacht.

Und wir? Wir liegen mit dem Vierten im Bunker. Also Sandwedge in die Hand, Schlagfläche schön weit öffnen und sauber erst den Sand treffen. Gelingt auch einigermaßen gut. Der Ball liegt zwar noch eine ganze Ecke von der Fahne entfernt, aber was solls. Risiko wird manchmal belohnt und ein anderes Mal bestraft. Zwei Putts zu Sieben. Zwei Punkte sind okay. Nach dem Abschlag hätte auch wieder ein Streicher dabei rum-kommen können. Jeder Punkt zählt. Meine Güte, was für Golfweisheiten, oder?

Hätten Sie die Bahn anders gespielt? Ich vielleicht beim nächsten Mal auch. Oder auch nicht. Ich kenne mich doch. Immer Kamikaze. Keine Gefangenen machen. No Risk no Fun. Dann darf ich mich nachher aber auch nicht ärgern, wenn es nicht funktioniert hat. Und das mache ich in diesem Fall auch nicht, denn es war ja meine bewusste Entscheidung, so zu spielen. Also muss ich auch mit den Konsequenzen leben.

Übrigens, in der Zeit als wir das Grün bearbeitet haben, haben die Vier Damen und Herren vor uns es doch tatsächlich geschafft, schon einmal abzuschlagen. Wir gehen vom Grün, die gehen vom Abschlag,

Das heißt also trotzdem, warten. Denn bis die bei ihren Bällen angelangt sind, diese gespielt haben, werden noch einige Minuten vergehen. Aber auch in solchen Situationen gilt: Ruhe bewahren.

Wir können daran nichts ändern. Na eigentlich schon. Wir hätten fragen können, ob sie uns durchspielen lassen. Oder sie hätten uns anbieten können, uns durchzulassen. Aber wo denken Sie hin. Die haben zwar kurz gegrüßt, aber mehr auch nicht. Da gab es keinerlei Anzeichen, einen schnelleren 3er-Flight durchzulassen. Warum auch? Nach mir die Sintflut. Ist mir doch egal, ob die hinter uns warten müssen. Uns gehört die Welt und der Platz erst recht.

Das Schlimme daran ist, dass wir das Gefühl hatten, dass diese Herrschaften sich auch nicht nur ein bisschen Mühe gaben, etwas schneller zu spielen oder zu gehen. Und ich muss dazu sagen, wir reden hier nicht von über 80jährigen. Die sind alle maximal Ende 60. Und nur zur Info. Vor diesem Flight war meilenweit kein anderer Flight zu sehen.

Unser Blick beim Verlassen des Grüns ging auch nach hinten, denn da waren Sie dann doch auf einmal wieder. Die Drängler von den Par 3's. Durch unsere Wartezeit konnten die natürlich auch wieder aufschließen. Na prima, das werden ja interessante vier Schlussbahnen.

Einiges los hier auf dem Platz. Aber wir sind ja mental topfit und vor allem wissen wir ja:

Golfen findet zwischen den Ohren statt!

Wobei das „*mental fit sein*" leider nicht auf alle Golfer zutrifft. Es soll ja Menschen geben, die beschäftigen sich mehr mit dem was hinter oder vor ihnen passiert als mit ihrem eigenen Spiel. Die werden schon ganz hibbelig, wenn ein Flight hinter ihnen wartet. Oder wenn ein Einzelspieler es sich erlaubt über den Platz zu gehen. Wie kann er nur? Der kann doch nicht freitagsmittags ganz allein über den Platz gehen! Der muss doch wissen, dass er aufläuft. Na klar weiß der das, und das macht ihm vielleicht auch gar nichts aus. Der wartet ganz geduldig, bis die Spieler vor ihm ihre Arbeit verrichtet haben und marschiert dann ganz entspannt über den Platz.

Aber das wissen die Golfer vor ihm ja nicht. Einige denken, *da will wieder einer Druck machen*, obwohl das aus dessen Sicht gar nicht der Fall ist. Wobei wir hier auch ganz schnell wieder beim Thema Wirkung und Körpersprache sind. Denn es ist ein großer Unterschied, ob der nachfolgende Golfer geduldig neben dem Abschlag an seinem Bag wartet oder ob er schon seinen Ball aufgeteet hat und mit entsprechender Körperhaltung auf dem Abschlag steht und entsprechende Signale sendet.

Womöglich hat er es aber gar nicht eilig. Vielleicht will er nur startklar sein, wenn es vorn weitergeht, damit er nicht allzu lange warten muss. Das Problem an der Sache ist wieder mal die Thematik Sender und Empfänger. Denn durch seine Positionierung auf dem Abschlag signalisiert er den Vorderleuten, *beeilt Euch mal ein bisschen, ich habe es eilig*. Auch wenn er es nicht so meint.

Sie erinnern sich an unsere „Freunde", die hinter uns auf den Par 3 Löchern schon wie ein unruhiges Pferd auf dem Abschlag standen. Auch wenn man die innere Stärke hat, sich davon nicht aus der Ruhe bringen zu lassen, so analysiert dennoch unser Unterbewusstsein diese Situation als störend.

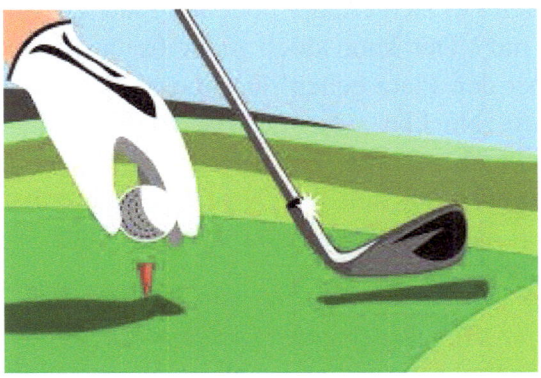

Es gibt natürlich auch den anderen Typ Einzelgolfer. Der jagt grundsätzlich wie ein angeschossenes Wild über die grüne Wiese. Ohne Rücksicht auf Verluste. So ganz nach dem Motto: *Ich bin allein, ich bin schneller als Ihr. Also lasst mich gefälligst durch!*

Der hat auch nichts mit Etikette am Hut. Der steht an jedem Abschlag ganz bewusst und provokativ auf eben diesem und signalisiert damit, wie eilig er es hat. Und auch auf dem Fairway hinterlässt dieser „Typ" immer den Eindruck, dass es ihm da vorn nicht schnell genug geht. Das kann dann für alle Beteiligten schon mal sehr unangenehm werden.

Aber in der Regel sind sich diese „Einzelgänger" doch der grundsätzlichen Situation durchaus bewusst. Aber das sieht mancher Golfer dann doch anders. Der schaut mehr nach hinten als nach vorn. Und wenn er dann mal nach vorn schaut und dort womöglich noch einen langsamen Flight vor sich entdeckt, ja dann ist alles vorbei. Dann wird aus der entspannten Golfrunde ein wahrer Spießroutenlauf. Da wird gemeckert und geschimpft was das Zeug hält. Und dann wundert man sich, wenn man nicht mehr vernünftig Golf spielt. Aber na klar, Schuld sind immer die anderen. Was machen die auch hier auf dem Platz, wenn ich hier bin. Das kann doch nicht sein.

Passend zu dem Klassiker „Alles hat Seiten" hat jeder aus seiner Sicht gesehen Recht. Der Einzelspieler möchte gern zügig voran kommen. Geht aber nur, wenn der Platz nicht völlig belegt ist. Der Spieler im Flight davor fühlt sich durch diesen Einzelkämpfer womöglich unnötig unter Druck gesetzt und kann auch nicht nachvollziehen, dass der Flight vor ihm so ewig lange braucht. Dass diese Personen vielleicht gar nicht viel schneller können, darüber wird nicht unbedingt nachgedacht. Man sieht nur, da vorn ist alles frei, also gebt mal ein bisschen Gas ihr Schlaftabletten.

Anders verhält es sich, wenn mache Golfer provokativ langsam unterwegs sind. Was ich meine? Da wird eher geschlendert als gelaufen. Da wird die Karre schön vor dem Grün geparkt, so dass der Spieler erst mal den ganzen Weg vom Grün wieder zurücklaufen muss. Anstatt die Karre direkt mitzunehmen und den kürzesten Weg zu wählen.

Da wird auch schon mal in aller Ruhe im Wasser nach Bällen geangelt. Völlig egal, was hinten passiert. Da wird sich auch des Öfteren sehr viel Zeit auf den Grüns gelassen. Von allen Seiten wird die Linie betrachtet. Schließlich sind ja dort die Könner ihres Fachs unterwegs. Und nach den Putts wird erst mal ausführlich diskutiert, wer was warum gespielt hat. Aber auf dem Grün, nicht auf dem nächsten Abschlag. Nein, warum auch? Immer schön Zeit lassen.

Wir hatten in der Vergangenheit auch schon mal einen Flight mit fünf Personen vor uns. Vier Spieler und eine Begleitung, was ja grundsätzlich kein Problem darstellt. Nur, dass wir uns in diesem Fall doch auch sehr über deren Geschwindigkeit gewundert haben. Denn vor denen waren mindestens drei Bahnen frei. Und hinter uns staute es sich auch schon gehörig.

Was war zu beobachten? Das sah alles nach einem entspannten Spaziergang an der frischen Luft aus. Die Begleitung hakte sich bei einem Spieler ein. Es wurde gelacht und sich unterhalten. Ein anderer Mitspieler schien eher fußkrank oder was auch immer zu sein. Denn er viel immer eine ganze Ecke zurück. Nachher erfuhren wir dann, dass dieser Spieler starke Schmerzen im Hüftbereich hatte. Diese existierten allerdings schon vor der Runde, so dass man auch mal aufs Golfen hätte verzichten können. Aber nein, wo denkst du hin? Man könnte ja etwas verpassen. Wie schlimm, wenn man einmal aussetzen müsste. Man würde ja sofort nicht mehr zur Gruppe gehören. Die würden einen bestimmt umgehend gegen einen „funktionierenden" Spieler austauschen.

Dass diese Gruppe mit ihrem gesamten Verhalten den ganzen Verkehr aufhielt, das war denen völlig egal. Da ging kein Blick nach hinten. Und wenn, dann nur um mal kurz *Hallo* zu sagen. Aber Sie glauben doch nicht, dass diese Personen auch nur ansatzweise auf die Idee kämen, mal eine kurze Pause einzulegen und den Flight hinter ihnen durchzulassen. Natürlich nicht. Denn wenn sie das täten, dann müssten sie ein paar Minuten später den nächsten Flight und danach den nächsten, usw., usw., durchlassen. Und das kommt natürlich gar nicht in frage. Dann wäre ja deren Spielfluss völlig hinüber. Welcher Spielfluss? Eine berechtigte Frage. Ich habe keine Ahnung.

Ach übrigens, Bahn 15. Ein langes Par 4 . Wir können wieder den Driver nehmen und richtig draufhauen. Wobei gerade da schon der Fehler liegt. Ich habe mich ja vorhin selbst über meine verzogenen Drives gewundert. Und eines ist mir klar. Ich wollte es mit Gewalt erreichen. Ich wollte unbedingt einen richtig langen Drive raushauen. Und dann geht das ruckzuck schief.

Haben wir das nicht alle schon erlebt, dass mit Kraft gar nichts funktioniert. Im Gegenteil, das macht alles nur noch schlimmer.

Ich hatte das Vergnügen, in der letzten Zeit, häufig mit bestimmten Personen zu spielen, deren Schwung ganz locker und easy aussah. Das sah nicht nach Krafteinsatz aus. Ganz im Gegenteil. Ich hatte das Gefühl, dass dort ganz gezielt darauf geachtet wird, die Kraft zu reduzieren und alles auf die Rotation und im Treffmoment auf die Schlägerkopfgeschwindigkeit zu legen.

Und da liegt eine meiner großen Baustellen. Nicht zu versuchen alles mit Kraft zu bewältigen, sondern den Schläger die Arbeit machen zu lassen. Mittlerweile gelingt es mir wesentlich häufiger, aber manchmal erwische ich mich, wie bei besagten Drives, doch wieder dabei. Und auch das ist ja die große Herausforderung beim Golfen, sich seiner Fehler in der Kürze der Zeit bewusst zu werden und sie dann auch schnellstmöglich abzustellen.

Dann hilft es natürlich ungemein, wenn man Mitspieler hat, die einem entweder den entscheidenden Tipp geben oder bei denen man sich so einiges abschauen kann.

Spielen Sie eigentlich lieber mit guten, beziehungsweise besseren Spielern? Ist das diskriminierend? Nein, denn es geht darum, ob man eine entspannte Runde „just for fun" geht oder ob man ein Turnier spielt und dabei ein gewisses Ziel vor Augen hat. Denn oftmals ziehen sich Spieler gegenseitig mit. Wenn der andere sehr gut spielt, hat man einen gewissen Anspruch an sein eigenes Spiel. Ist man wiederum mit einem eher durchschnittlich guten oder vielleicht an diesem Tag eher schlechteren Spieler unterwegs, kann einen das genauso bremsen.

Unbewusst verliert man dadurch womöglich seine Konzentration oder nimmt die Sache nicht so ernst.

Apropos Konzentration. Das Augenmerk auf einen ruhigen Schwung zu legen war genau richtig. Der Abschlag war dieses Mal einwandfrei. Lang, linke Seite, weg von dem Birkenwäldchen. Haben Sie dieses Birkenwäldchen auch schon so oft verflucht wie ich? Ich weiß nicht, wie häufig ich schon dort hinein geschlagen habe. Und früher hieß es dann, noch einen provisorischen Ball hinterherspielen, denn die Chance den Ball wiederzufinden, waren oft gleich Null. Da war nicht nur der Wald das Hindernis, sondern auch das viel zu hohe Rough. Man wurde also direkt doppelt bestraft. Heute hat man wenigsten die Möglichkeit seinen Ball zu finden, ihn herauszuchippen und vielleicht noch mit einem Bogey vom Grün zu gehen.

Aktuell können wir den Wald aber schön rechts liegen lassen. Wir haben eine Top Position für den zweiten Schlag ins Grün. Und der gelingt uns auch. Jetzt haben wir sogar einen Birdieputt. Realistisch betrachtet nur eine ganz kleine Außenseiterchance. Denn das sind bestimmt gute 12 Meter zum Loch. Obwohl, kennen Sie das auch, dass es solche Tage gibt, an denen die kurzen Putts alle irgendwie nicht fallen wollen und auf der anderen Seite dann mal ein oder zwei „Monsterputts" den Weg ins Loch finden? Golfen ist schon wirklich verrückt. Und nicht zu vergessen:

Golfen findet zwischen den Ohren statt!

Bahn 16

An keiner anderen Bahn kommt der Satz *„Golfen findet zwischen Ohren statt"* besser zum Tragen als auf der 16. Bahn. Dem Inselgrün.

Was haben wir hier nicht schon alles erlebt. Schläge ins Wasser gehören leider zur Normalität. Aber auch Hacker, die viel zu kurz waren. Schon kam der Spruch: *„Gut vorgelegt"*. Bälle, die links und rechts in die Bäume flogen, waren auch keine Ausnahme.

Was habe ich mir früher für Gedanken bei dieser Bahn gemacht. Ich habe sogar den Ball gewechselt. Bloß nicht den guten Ball nehmen, falls der ins Wasser fliegt. Aber ist damit der Verlust des Balles nicht schon vorprogrammiert? Müssen wir nicht eben gerade diesen guten Ball, womöglich noch unseren besten Ball den wir in der Tasche haben, nehmen? Damit wir uns auch wirklich darauf konzentrieren das Grün zu treffen. Oder ist alles das wieder der falsche Ansatz?

Denken wir wieder grundsätzlich viel zu viel nach? Einfach hinstellen und draufhauen? Genau, einfach 130 Meter geradeaus. Genau das ist nur leider nicht immer so einfach. Aber auf wie vielen Bahnen müssen wir denn „einfach nur" geradeaus spielen? Und, wie oft gelingt uns das? Wie oft schlagen wir einen Slice, einen Draw oder einen Fade, wenn er überhaupt nicht passt? Wie bitte? Sie machen das nicht absichtlich? Das kenne ich. Und wie oft ist es leider genau an diesem Inselgrün passiert?

Heute allerdings sind wir ganz entspannt. Wir gehen voller Selbstbewusstsein auf den erhöhten Abschlag, Tee in den Boden, Ball drauf und noch einmal einen Probeschwung. Und dann sollte das schon klappen. *Sollte*, da haben wir es wieder. Jeder Schlag *sollte* klappen. Wir wünschen es uns zumindest, doch leider ist Golfen kein Wunschkonzert.

Was soll ich Ihnen sagen? Schaffen wir es, den Ball aufs Grün zu befördern oder nicht? Leider wird das Grün zusätzlich noch von einem seitlichen Bunker und einen Roughstreifen, der um das ganze Grün herumführt, verteidigt. Und auch die nahgelegenen Bäume tragen zusätzlich dazu bei, dass das Grün noch kleiner wirkt als es eh schon ist.

Wir sehen, wieder so viele Aspekte, die uns nicht wirklich helfen positiv an die ganze Sache heranzutreten. Verdammt, warum gibt es auch beim Golfen so viele Herausforderungen? Langsam glaube ich, es ist nicht nur technisch die zweitschwerste Sportart, sondern auch in Bezug auf die mentale und körperliche Umsetzung. Da es so viele „Hürden" gibt, ist eines mit Sicherheit garantiert. Es wird niemals langweilig. Es wird keine Runde wie die andere sein. Es wird kein Tag wie der andere sein.

Und genau deshalb macht Golfen süchtig. Deshalb zieht es uns immer wieder in seinen Bann. Aus diesem Grund sollten wir uns jeden Tag freuen, dass wir so einen abwechslungsreichen Platz spielen dürfen, der zusätzlich noch in einem ausgezeichneten Zustand ist. Egal ob im Frühjahr, im Sommer oder auch im Winter. Die Crew um unseren Headgreenkeeper macht einen super Job. Des Weiteren wird kontinuierlich daran gearbeitet den Platz zu verbessern. Sei es hier und da ein neuer Bunker, da und dort die Beschaffenheit des Roughs verändert, an vielen Stellen das untere Geäst der Bäume entfernt und nach und nach die Abschläge neu aufgebaut.

Ganz nach dem Motto „Stillstand ist Rückstand", was natürlich auch wieder wunderbar auf uns Golfer zutreffen kann. Denn wenn wir noch Ziele und Wünsche bezüglich unseres Spiels haben, so lange werden wir an uns arbeiten und uns weiterentwickeln.

Zurück auf den Platz und wieder die alles entscheidende Frage: *Haben wir das Inselgrün mit unserem Abschlag erreicht?*

Ja, haben wir tatsächlich. Und zwar so gut, dass wir schon wieder eine Birdiechance haben. Eine weitaus bessere Möglichkeit als eben gerade auf dem Grün der 15. Wir haben etwa 5 Meter zum Loch. Da haben wir es wieder, ein weiteres Problem beim Golfen, das Putten. Ja, Sie haben Recht, wir wollen nicht von Problemen reden oder in Problemen denken. Also nennen wir es, eine weitere Herausforderung, die uns mindestens 18-mal auf der Runde begleitet. Oder sollten wir besser sagen 36-mal? Oder 45-mal? Wieviel Putts haben Sie auf Ihrer letzten Runde gespielt?

Haben Sie nicht gezählt? Was würden Sie schätzen? Zwei Putts pro Grün wären doch schon prima, oder? Dann wären wir bei 36. Wenn wir noch ca. 8 Dreiputts haben, dann sind wir bei 44. Ist das für uns Amateure auch noch in Ordnung? Oder sollten wir nicht eher das Ziel haben maximal 2 Putts und im Idealfall sogar nur einen Putt zu benötigen?

Denn wie oft hören wir die Aussage, dass im kurzen Spiel die Punkte gemacht werden, beziehungsweise liegen gelassen werden. Das ist auch richtig, denn wenn ich überlege, wie viele Punkte ich durch mein schlechtes Putten vergeigt habe, dann wird mir ganz schlecht. Auf der anderen Seite gehört das lange Spiel natürlich genauso zur Erfolgsformel, denn ohne das geht es nun mal auch nicht.

So viele Herausforderungen, so viele Fragen die uns beschäftigen. Warum ist Golfen nur so vielschichtig? Warum kann es nicht einfach und simpel sein? Weil es dann jeder könnte! Und weil es dann mit Sicherheit seinen Reiz verlieren würde. Und weil wir dann nicht auf unseren Leitsatz zurückgreifen könnten:

Golfen findet zwischen den Ohren statt!

Bahn 17

Wie viele Putts wir auf dem Inselgrün benötigt haben, möchten Sie gern wissen? Es wurden zwei. Also ein Par und drei Nettopunkte einkassiert. Aber wer zählt schon die Punkte? Haben Sie eine Ahnung, wie viele Punkte wir bereits haben? Ich habe nicht bewusst mitgezählt.

Das ist übrigens auch so ein interessantes Thema. Die Nettopunkte. Oftmals höre ich von Mitspielern, dass sie sagen, *ich weiß gar nicht wie viele Punkte ich habe*. Also wenn sie noch auf der Runde sind. Andere zählen und schreiben ihre Punkte sorgfältig mit und wissen an beziehungsweise nach jeder Bahn, wie der aktuelle Stand ist.

Ist das klug? Bringt uns das nach vorn im Sinne der Motivation? Oder kann uns dieser genaue Blick auf die Zahlen vielleicht sogar hindern, bis zum Ende konzentriert und erfolgreich zu spielen? Kann uns dieses Zahlenspiel eventuell die gewisse Lockerheit nehmen, die es ebenfalls braucht, um erfolgreich eine Runde Golf zu spielen?

Auf der anderen Seite stellt sich mir die Frage, ob wir nach einer gewissen Zeit auf dem Platz, also nach einigen Jahren, nicht automatisch wissen, wie wir liegen? Also zumindest so ungefähr. Man hat doch ein Gefühl dafür entwickelt, weiß um die Punkte, die man eingefahren hat und kann bewusst oder unbewusst abschätzen, wo man gerade liegt. Wir müssten gefühlt knapp um die 25 Punkte haben. Oder ist es wirklich besser sich diesbezüglich gar keine Gedanken zu machen und einfach „Just for Fun" zu spielen?

Letztendlich läuft es wieder darauf hinaus, welchen Anspruch oder Ansporn wir beim Golfen verfolgen. Es gilt, jeder so wie er mag. Golfen soll Spaß machen. Es soll uns gut gehen auf dem Platz. Wir sollten uns freuen, diese Sportart ausüben zu können. Wir sollten viel mehr die Gefühle, die uns bewegen, auch wahrnehmen. Und somit wiederum viel bewusster die Zeit auf und um den Golfplatz genießen.

Dann können wir auch die Eingangsfrage viel einfacher beantworten:

Wie geht es uns auf dem Platz?

Es geht uns gut. Das Leben ist zu kurz, um sich über Sachen aufzuregen, die wir im Nachhinein nicht mehr ändern können. Der verzogene Abschlag, der missratene Pitch, der schlechte Chip oder der schludrig gespielte Putt. Sie sind es nicht wert, dass wir uns deshalb selbst niedermachen oder uns selbst beschimpfen und runterziehen.

Es gibt schlimmere Dinge im Leben. Also lassen Sie uns mit Freude und positiven Gedanken an den nächsten Schlag herangehen. So auch auf dem 17. Abschlag. Endlich mal wieder ein Par 5. Haben wir aber auch lange nicht mehr gehabt. Und die 18 ist auch noch mal ein Par 5. Da heißt es noch einmal volle Konzentration auf den letzten Bahnen. Und das mit der Konzentration ist gerade am Ende einer Runde gar nicht so einfach.

Je nachdem wie anstrengend unser Spiel bis hierhin schon war, desto kaputter sind wir. Schlechtes Spiel strengt doppelt an. Aber auch ganz generell, wir haben jetzt schon ca. 4 Stunden in den Beinen. Der Körper ist bestimmt nicht mehr so fit wie er es noch an der Bahn 1 war. Die Gedanken sind schon im Clubhaus und die Motivation wird nur durch die letzten beiden Pars aufrechterhalten. Das Unterbewusstsein freut sich schon auf ein kühles Blondes oder heißes Schwarzes. Wir sprechen hier von Bier und Kaffee, nichts anderes ist damit gemeint. Also nur, falls Sie gerade andere Gedanken im Kopf hatten.

Die Knochen sind müde, der Geist ist schwach. Aber es gibt noch ordentlich Punkte zu verteilen. Für die Spieler mit höherem Handicap gilt, dass sie an der 17 und 18 oftmals noch zwei Schläge Vor haben. Also für ein Par gäbe es vier Punkte. Das muss doch Motivation genug sein. Aber auch für die anderen Handicaper gilt, sauber zu Ende spielen. Nicht schwächeln auf den letzten Bahnen. Leichter gesagt als getan. Denn gerade, wenn die Kräfte schwinden, dann können diese zwei Par 5's nochmal richtig lang und schwierig werden. Vor allem die 18 hat es in sich. Aber dazu später mehr. Jetzt müssen wir erst mal den Abschlag auf die Bahn bringen.

Nochmal volle Konzentration auf den Schwung, Kraft rausnehmen – ach so die haben wir ja eh nicht mehr – und den Schläger die Arbeit machen lassen. Verdammt, ich sollte ein Buch übers Golfen schreiben. Stimmt, machen wir ja gerade. Ich habe das Gefühl als stünde ich gerade auf dem 17. Abschlag. Vor mir das endlos lange Fairway, dass eine leichte Kurve nach rechts macht. Die Bäume zur Linken und zur Rechten sind eigentlich weit genug weg. Der Bunker in der Landezone ist auch nicht so tragisch. Dort kann man ganz gut herausspielen. Also Feuer frei!

Die kleine weiße Kugel fliegt. Gut getroffen, mit einem ganz ordentlichen Schwung, bewegt sich der Ball richtig gut. Er ist lang. Er ist gerade. Er ist leider zu gerade. Wir bräuchten eine leichte Rechtskurve. Verdammt, wenn die Kurve kommen soll, dann kommt sie nicht. Unser Ball landet zu Füßen einer Baumreihe im Rough. Glücklicherweise ist es dort nicht ganz so tief, so dass wir den Ball finden sollten. Schnell einen Baum als Fixpunkt merken und hoffen, dass wir ihn finden. Unsere Mitspieler haben ihn auch wieder gesehen. Aber wir wissen leider, das heißt noch gar nichts. Aber wir spielen auch keinen Provisorischen hinterher. Keine Lust. Entweder ist er da oder wir streichen die Bahn.

Also im Turnier würden wir natürlich einen weiteren Ball spielen. Aber heute muss das reichen. Wie ist eigentlich Ihr High Score? Also in Bezug auf verlorene Bälle? Ich glaube meiner liegt bei 9! Die Runde war dann wirklich zum Vergessen. Da kamen glaube ich auf den ersten Neun 7 Punkte und auf den 2. Neun 12 Punkte bei rum. Ein Totalausfall. Passiert. Abhaken.

Nachdem die anderen ihre Abschläge gespielt haben, begeben wir uns endlich mal wieder auf die Suche nach unserem Ball. Wir haben den Baum im Auge. Wir haben die Länge ungefähr im Blick. Wir sollten ihn finden. Und nach ein paar Minuten, also es waren natürlich nur 3 Minuten, haben wir ihn tatsächlich gefunden. Keine gute Lage, aber der Ball ist im Spiel.

Und ja, Sie denken bestimmt auch gerade darüber nach, ob man hier noch irgendwie Länge machen kann? Nein, kann man nicht wirklich. Und wenn, dann müsste es sich so auszahlen, dass wir eine Chance haben, den Dritten aufs Grün zu spielen. Da das nicht der Fall ist, muss das Gehirn, also das Bewusstsein, ganz schnell ein Signal senden und sagen, *Chip ihn einfach auf das Fairway und weiter geht's*.

Und ja, das Signal ist angekommen. Ein paar Meter nach vorn sind möglich. Das heißt wir müssen unser geplantes Vorhaben jetzt umstellen und einen sauberen dritten Schlag machen, so dass wir die Möglichkeit bekommen, den Vierten an den Stock zu legen.

Allerdings mache ich in dieser Situation oftmals den Fehler, dass ich gar nicht überlege, von wo und mit welchem Schläger ich den vierten Schlag spielen möchte. Da wird einfach draufgehauen, Fairwayholz und ab dafür. Wenn es ganz blöd läuft, dann landet der Ball links oder rechts im Wald. Rechts raus ist die Bahn gelaufen. Da bräuchten wir eine Machete, um den Ball zu finden, geschweige denn ihn zu spielen. Links raus ist noch nicht alles verloren. Aber von dort aus das Grün anspielen, keine Chance.

Heute jedoch gelingt es uns den Ball im Spiel zu halten. Guter Schlag mit dem kleinen Holz. Wir haben für den vierten Schlag ca. 120 Meter zur Fahne. Die 120 Meter sind eine gute Entfernung. Kleines Eisen passt. Aber nochmal zurück zu der gezielten Ablage eines Balles. Das setzt natürlich voraus, dass wir Vertrauen in unser Spiel haben. Es setzt voraus, dass wir diesen Plan auch umsetzen können. In der Theorie klingt das alles immer ganz einfach. *Leg den Ball auf 100 Meter, dann noch ein lockeres Wedge und alles ist prima!*

In der Praxis kommen so viele „Baustellen" auf uns zu, die uns oftmals daran hindern, diese Pläne auch Eins zu Eins in die Tat umzusetzen. Es reicht ja schon, wenn der Ball in einem alten Divot liegt. Schon fängt unser Gehirn an zu rattern. *So ein Mist, jetzt muss ich aus dem Divot spielen. Da treffe ich den Ball bestimmt nicht sauber.* Wie groß sind jetzt unsere Chancen, diesem Ball einen sauberen Schlag zu verpassen? Aus der Erfahrung heraus sehr gering. Auf der anderen Seite, wenn es uns gelingt den Ball clean zu treffen, das heißt, erst den Ball und dann den Boden, dann dürfte uns auch diese Lage eigentlich nicht aus der Ruhe bringen.

Nur leider neigen wir Amateur Golfer ja oftmals dazu, erst den Boden und dann den Ball zu treffen. Da brauchen wir uns auch nicht wundern, wenn der Ball nicht das macht, was wir wollen. Wie oft habe ich mich selbst schon verflucht, wenn ich den Kopf zu früh hochgenommen habe oder viel zu schnell mit den Armen war, so dass ich gar keine Chance hatte, den Ball sauber zu treffen. Ich sage nur, „gehackt oder getoppt". Sie wissen, was ich meine. In solchen Situationen könnte man doch schon das eine oder andere Mal aus der Haut fahren, oder?

Was mir seit einiger Zeit hilft, diesbezüglich mehr Übung und dementsprechend auch mehr Erfolg zu haben, ist im Winter Golf zu spielen. Damit habe ich erst vor 3 Jahren begonnen. Früher hatte ich keine Lust auf diesen ganzen Matsch, diese ständige Nässe, die eingebohrten und dreckigen Bälle. Bis vor ein paar Jahren wurden auf unserem Platz in dieser Zeit alle Abschläge und auch alle Grüns gesperrt. Da hieß es, von provisorischen Abschlägen und auf Wintergrüns zu spielen. Es gab Zeiten, da durfte auch kein Trolley benutzt werden und man musste von „Tellern" auf den Fairways spielen. Mal ganz abgesehen von Kälte und Regen. Was ja auch nicht wirklich dazu beiträgt, gern auf den Platz zu gehen.

Wenn man das alles liest, vergeht einem normalerweise die Lust im Winter Golf zu spielen. Mittlerweile hat sich das alles etwas geändert. Vielleicht auch dank der recht milden Winter, die wir hier in unseren Breitengraden haben. Wir spielen von regulären Abschlägen. Die können mal Weiß, Blau oder mal Rot sein. Wir spielen, so lange es keinen Frost gibt, auf Sommergrüns.

Und natürlich mit Ball reinigen und Besserlegen. An dieser Stelle auch noch einmal ein dickes Lob an unseren Headgreenkeeper und dessen Team. Denn der Platz ist auch zu der kalten Jahreszeit in einem Top Zustand.

Na klar, die Grüns werden irgendwann gelocht und gesandet. Auch die Fairways werden mit dicken Spoons gelocht und teilweise mit so viel Sand überschüttet, dass man denken könnte, man wäre am Strand von Mallorca. Aber das alles sind Arbeiten die gemacht werden müssen, damit der Platz spätestens im Frühjahr wieder in perfektem Zustand ist.

Es wurden auch immer wieder Stimmen laut, die gesagt haben, dass man im Winter nicht wirklich erfolgreich Scoren kann. Das möchte ich an dieser Stelle gern widerlegen. Ich hatte das Vergnügen häufig mit einem sehr guten Golfer zu spielen. Zu dessen Ergebnissen auf dem Par 74 Platz folgendes. Drei Runden im Dezember:

1. Runde: 79 Schläge mit 5 Birdies und etlichen Pars.

2. Runde: 84 Schläge mit 12 Pars.

Und wenn man denkt, viel besser geht es nicht, folgte die 3. Runde: 76 Schläge mit 3 Birdies und 11 Pars.

Das beste Beispiel dafür, dass es geht und gleichzeitig ein Ansporn dafür, immer weiter an sich zu arbeiten. Diese Ergebnisse sind zwar meilenweit von meinem Spiel entfernt, aber wenn es mir gelingt, konstant mein Handicap zu spielen, freut mich das umso mehr. Um dieses Ziel zu erreichen, bleibt uns bei solchen Verhältnissen auch gar nichts anderes übrig, als immer wieder volle Konzentration auf einen sauberen Ball- kontakt zu legen.

Denn nur dann haben wir die Möglichkeit, einigermaßen erfolgreich Golf zu spielen. Da die Bälle im Winter sowieso nicht mehr so weit fliegen, umso wichtiger.

Und somit zurück zum vierten Schlag auf der 17. Bahn. 120 Meter bis zum Stock. Natürlich gibt es wieder einige Bunker vor und neben dem Grün. Wäre ja auch langweilig, wenn dem nicht so wäre. Aber auch diese Gedanken müssen wir direkt beiseiteschieben. Wenn der Ball im Bunker landet, auch nicht schlimm. Also am besten nur auf das Grün konzentrieren. Den Schlag sehen. Ich habe früher auch über solche Aussagen gelächelt. Aber mittlerweile verfolge ich diese Vorbereitung immer intensiver. Und ja es hilft. Es klappt natürlich nicht immer. Aber immer öfter.

Was auch immer öfter auf den letzten Bahnen fehlt, ist, wie bereits erwähnt, die Konzentration. Denn leider wird dieser vermeidlich leichtere Schlag getoppt, so dass er hinten übers Grün hinausfliegt. Und dort droht Unheil. Denn nach einigen Meter Dickicht ist der Golfplatz zu Ende. Jetzt heißt es hoffen, dass der Ball noch im Spiel ist. Wir sehen, die Bahn 17 ist leider nicht gerade von Erfolg gekrönt.

Wir haben jedoch Glück, der Ball liegt noch und ist spielbar. Nur leider wartet jetzt die nächste Herausforderung auf uns. Wir müssen Chippen. Und das ist ja heute nicht gerade unsere größte Stärke. Was noch erschwerend hinzukommt, dass das Grün aus unserer Sicht steil nach hinten abfällt. Also wie den Ball spielen damit er eine Chance hat auf dem Grün zu bleiben und nicht wieder auf der anderen Seite vom Selben zu rollen?

Golfen könnte so einfach sein. Ist es aber nicht. Und? Wie ist diese Bahn zu Ende gegangen? Der Chipp wurde zu lang und es folgten drei Putts. Also eine Acht auf einem Par 5. Eindeutig zu viel. In unserem Fall gibt es keine Punkte mehr.

Auch diese Bahn mit all ihren verschiedenen Herausforderungen zeigt uns mal wieder, wie kompliziert Golf sein kann. Neben der inneren Stärke geht es nun mal auch nicht ohne die praktische Umsetzung. Das war auch bei dem bereits erwähnten sehr guten Golfer zu beobachten. Wie richtet er sich aus? Wie schwingt er auf und nach vorn durch? Wo wird der Ball positioniert? Wie ist die Fußposition? Welche Grifftechnik wird angewendet? Wie wird der Putter zum Ball geführt? Und viele viele Fragen und Beobachtungen mehr.

Man kann nur daraus lernen, solche guten Golfer bewusst zu beobachten und somit für sich zu entscheiden, was man davon bei sich selbst einsetzen möchte.

Unterm Strich läuft alles natürlich wieder in unserem Motto zusammen:

Golfen findet zwischen den Ohren statt!

Bahn 18

Wir haben es geschafft. Wir sind auf dem Abschlag der 18. Bahn. Endlich. Die Runde neigt sich dem Ende zu. Es gibt Runden, da ist man wirklich froh, wenn diese vorbei sind. Und es gibt andere Tage, an denen man noch mal 9 Löcher hinten dranhängen könnte. Heute, obwohl die Runde nicht ganz übel war, sind wir froh, wenn wir die 18 noch einigermaßen passabel zu ende spielen können.

Wir haben seit einigen Jahren einen neuen Abschlag, so dass wir auch zum Abschluss mal wieder ein Par 5 vor uns haben. Und eines, dass es in sich hat. Der Abschlag muss jetzt durch eine schmale Schneise, im Idealfall mit einer leichten Rechtskurve, gespielt werden. Oder für die Longhitter carry über die Bäume. Der zweite Schlag wird auch nicht einfacher. Das Fairway ist relativ schmal. Links kommt ein Wäldchen ins Spiel und rechts droht das Aus. Final wird das Grün zu zwei Dritteln von Wasser umgeben. Also nochmal eine sehr anspruchsvolle Bahn zum Ende unserer Runde.

Aber erst einmal zurück zum Abschlag. Viele Golfer haben geschimpft, als dieser neue Abschlag gebaut wurde. Die waren es jahrzehntelang gewohnt von einem anderen Abschlag zu spielen und diese Bahn als Par 4 zu bewältigen. Hierbei zeigt sich wieder, wie eingefahren wir Menschen sein können. Im Winter, mit den veränderten Abschlägen, wird einem ganz schnell bewusst, dass man schon einen gewissen Automatismus entwickelt hat. Man geht über den Platz in einer Art von Routine. Man stellt sich wie gewohnt auf den Abschlag und denkt gar nicht darüber nach, ob man womöglich etwas verändert sollte.

Zum einen hat man auf den anderen Abschlägen einen ganz anderen Blick auf die Bahnen und zum anderen natürlich auch eine neue Überlegung bezüglich der Schlägerwahl zu treffen. Es ist fast so, als würde man einen anderen Platz spielen. Und das trägt dazu bei, seine eigene Kreativität zu fördern und nicht immer stur nach Schema F vorzugehen.

Ich erinnere mich, dass wir vor vielen Jahren im Herrengolf auch mal Turniere von Weiß und Rot gespielt haben. Jeweils mit angepasstem Handicap natürlich. Auch hier waren im ersten Moment die Stimmen laut, die dagegen gewettert haben. Im Nachhinein kamen aber fast nur positive Rückmeldung. Die mehrheitliche Meinung war, dass man so etwas ruhig öfter machen könne, denn das fördere nur den Blick für die Situation. Endlich mal die Scheuklappen zu öffnen mit denen man sonst womöglich unbewusst über den Platz rennt.

Die auch noch im Nachhinein wenigen negativen Stimmen waren von Spielern, die nicht wirklich gute Ergebnisse zu Stande gebracht hatten. Man kann es ja auch nicht jedem Recht machen. Schön ist, dass wir Menschen immer die Wahl haben. Niemand zwingt uns, an solch einem Turnier teilzunehmen. Niemand zwingt uns mit bestimmten Personen zu spielen. Wir entscheiden selbst über unser Leben. Und wir entscheiden auch, ob wir diese letzte Bahn defensiv oder offensiv spielen. Welchen Weg würden Sie gehen? Abhängig davon, wie wir punktetechnisch liegen? Würde Sinn machen. Ich kann Ihnen sagen was ich machen werde. Ich nehme den Driver und versuche die einzige Kurve zu spielen, die ich manchmal bewusst spielen kann. Den Fade.

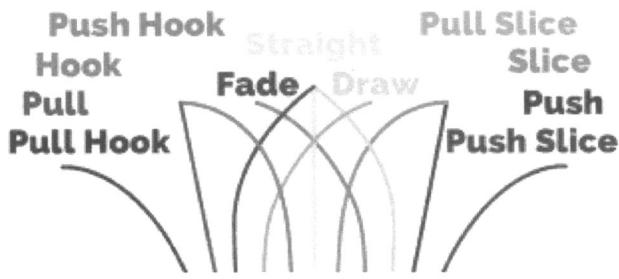

Die Betonung liegt auf manchmal. Heute klappt es. Wahrscheinlich weil es um nichts mehr geht. Ich habe zwar die Punkte bewusst nicht addiert, aber viel ist da nicht mehr zu gewinnen. Also, einfach machen und schauen was passiert. Zur Freude aller Beteiligten, der Abschlag liegt gut. Er war weit genug und liegt auf dem Fairway. Für den nächsten Schlag stehen keine direkten Hindernisse im Weg. Was bleibt zu tun? Mittleres Eisen, vollen Schwung und versuchen den Ball vors Wasser zu legen. Auch das gelingt erstaunlicherweise. Der Dritte muss also aufs Grün. Wir haben jetzt noch ca. 80 Meter zum Stock. Grundsätzlich kein Problem. Aber es gibt so Tage, da sind gerade diese kurzen Annäherungen die größte Herausforderung. Und Sie ahnen schon was passiert. Man will den Chip besonders gefühlvoll spielen und vergisst dabei richtig durchzuziehen und murmelt den Ball ins Wasser.

Ich weiß ja nicht, wie es Ihnen in solchen Situationen geht, aber ich könnte manchmal aus der Haut fahren. Das kann doch nicht sein, dass der Abschlag prima ist, der zweite Schlag nahezu perfekt ist und dann, kurz vor dem Grün, alles in den Sand gesetzt wird. Oder hier besser gesagt, ins Wasser geschlagen wird.

Warum passiert so etwas? Verliert man unbewusst die Körperspannung? Ist die Konzentration einfach nicht mehr auf dem höchsten Level? Ist es Unvermögen? Viele Fragen, viele Möglichkeiten. Fakt ist, wir müssen mal wieder einen neuen Ball spielen. Es folgt demnach Schlag Nummer Fünf. Da wir uns auf einem Par 5 befinden können wir also immer noch mit einer Sechs oder Sieben vom Grün gehen. So viel zur Theorie.

Leider ist die Theorie nicht immer gleichzusetzen mit der Realität. Denn jetzt passiert etwas, was uns allen wahrscheinlich doch eher selten passiert. Nein, nicht das was Sie denken. Wir lochen den Ball nicht mit dem nächsten Chip oder Pitch ein, sondern wir hauen auch den nächsten Ball ins Wasser. Was für ein verrücktes Spiel. Besser gesagt, was für ein bescheidener Abschluss dieser Runde. Die letzte Bahn wird also auch gestrichen.

Das ist absolut nicht der Abschluss den wir uns gewünscht haben. Und somit kommen wir zur letzten Eingangsfrage:

Mit welchem Gefühl verlassen wir die 18. Bahn?

Im ersten Moment mit einem eher negativen Gefühl, da wir es immer noch nicht glauben können, was wir für einen Mist gespielt haben. Mit ein paar Minuten Abstand sollte es uns aber gelingen, die negativen Gedanken beiseitezuschieben und uns an die schönen und erfolgreichen Momente auf dem Platz zu erinnern. Denn nur so gelingt es uns doch, zu einem keinen Frust über das Geschehene aufkommen zu lassen. Und zum anderen, wieder motiviert und mit voller Freude und Tatendrang beim nächsten Mal aufzuteen.

Neben den ganzen Herausforderungen, die wir auf der Runde hatten, haben wir nach diesem vermasselten Abschluss auch noch die große Aufgabe, den Frust nicht auf die „19. Bahn" mitzunehmen oder geschweige denn, mit nach Hause zu nehmen.

Also, Gehirn einschalten, noch einmal auf die guten Schläge und die toll gespielten Bahnen, das heißt, auf die gesamten positiven Erlebnisse zurückzublicken und so den Platz zu verlassen.

Und ein Motto werden wir auf gar keinen Fall vergessen, beziehungsweise es wird uns auch auf der nächsten Runde wieder begleiten:

Golfen findet zwischen den Ohren statt!

„Bahn 19"

Was nehmen wir jetzt generell von dieser Runde mit?
Viele positive Dinge, aber auch einige Hausaufgaben. Als
aller erstes gönnen wir uns ein leckeres Kaltgetränk. Das
haben wir uns auf jeden Fall verdient. Egal wie die Runde
gelaufen ist, das muss jetzt erst mal sein.

Dann setzen wir uns mit unseren Flight-Partnern und
anderen Gleichgesinnten zusammen und genießen die
„19. Bahn" in aller Ruhe auf der schönen Terrasse.

Dennoch stellt sich für uns die Frage: Was nehmen wir
konkret aus dieser Runde mit?

Wir wissen, es gibt zahlreiche Herausforderungen:

Menschlich: Konzentration

Innere Einstellung

Motivation

Selbstvertrauen

Tagesform

Befinden

Einflüsse

Mitspieler

Schlägerwahl

Offensive

Defensive

Hindernisse

Technisch: Drives

Pitches

Chips

Putts

Schwünge

Platz

Gegebenheiten

Wetter

Ausführungen

Wir haben für alles die entsprechenden „Werkzeuge". Wir können und dürfen trotzdem nicht davon ausgehen, alles immer und jederzeit perfekt zu machen. Golfen heißt auch, demütig zu sein. Wir sind keine Profis und erst recht keine Maschinen. Was viel wichtiger ist, dass wir Spaß und Freude haben. Während der Runde mit unserem Spiel aber auch mit unseren Mitspielern. Nach der Runde in entspannter Atmosphäre den ein oder anderen schönen Moment revue passieren lassen. Uns aber auch mal offen und ehrlich für die Belange unserer Mitmenschen zu interessieren, ihnen zuzuhören, Fragen zu stellen und neugierig zu sein auf andere Dinge, die nichts mit Golf zu tun haben. Ja, es gibt noch mehr im Leben als Golf. Für manche vielleicht nicht vorstellbar, aber es ist so.

Die nächste Golfrunde kommt noch früh genug. Jetzt heißt es erst einmal abschalten und den Tag ausklingen lassen. In diesem Sinne bedanke ich mich, dass Sie die Runde mit mir gegangen sind, und wünsche uns allen stets ein schönes Spiel!

Bleiben Sie sportlich…

PS: Wir haben diese Runde mit 29 Nettopunkten beendet.

Nicht berauschend, aber gar nicht so schlecht für das Chaos, das wir manchmal verbreitet haben. Wenn wir also mit einem eher durchwachsenen Spiel in der Lage sind, knapp 30 Punkte zu spielen, was ist dann drin, wenn wir einen guten Tag erwischen? Also, immer nach vorn schauen und niemals aufgeben. Das Selbstvertrauen holen wir uns zwar von den guten, den gelungenen Schlägen. Jedoch helfen uns in nachhinein auch die negativen Erlebnisse, um diese in die entsprechende Richtung zu korrigieren. Wir bauen also auf den positiven Erfahrungen auf und merzen auf diesem Weg ein paar negative Dinge aus.

Abschließend bleibt zu sagen, dass diese Runde nur ein kleiner Auszug dessen war, was alles auf dem Golfplatz passieren kann. Jeder von uns kennt wahrscheinlich hunderte solcher Geschichten. Somit freuen wir uns auf die nächsten Runden, die damit verbundenen Erlebnisse und darauf, diesen schönen Sport ausüben zu können.

Gutes Spiel,

Ihr / Euer Ralph Schaper